シリーズ
事例で学ぶ 9

家庭福祉論

古川　繁子
中川　英子
　　　編　著

学文社

まえがき

　今日，子ども，女性，高齢者，障がい者などの人権が侵害されている状況が日々ニュースの中で一層目立ってきた感があります。またニュースにはならないまでも，今家族は多くの問題をかかえています。その要因として，本来，家族が担うべき福祉機能が果たされなくなっていることが考えられます。とりわけ，家族の基本的な機能である保育機能や介護機能の場合，それが高度化・専門化したことにより，家族では担えなくなったということもその要因としてあげられます。家庭福祉のあり方をあるべき姿としてだけではなく，今日の社会的背景を踏まえた上で広い視点で考えなければならない時代がやってきたことは確かなことでしょう。

　本書が，あえて「家族福祉論」とせず「家庭福祉論」としたのは，「家政学の母」といわれるエレン・スワロウ（後のリチャーズ）の考え方「家庭における生活にとって本質的なことは，人が最良の身体的・精神的・道徳的な発達をとげるということである（ロバート・クラーク著　工藤秀明訳『エコロジーの誕生エレン・スワローの生涯』新評論，1994年，p. 207）」によります。換言すれば人が最良の福祉を実現するのは，家族ではなく家族が生活する"場"としての家庭生活においてであるという考え方を採用したためです。

　本書は，家族に生じているさまざまな今日的課題を現実のものとして認識し，現場で保育士やソーシャルワーカーとして実際に相談業務にあたるための教科書として執筆されたものです。また，本書の特長は，これらの多様な問題を事例として具体的に示している点にあります。この事例を読み話し合うことで，生活経験の浅い学生たちにとってとかく机上の空論になりがちな理論的講義を，現実の問題として認識できるものと考えたからです。

　本書は，以下の通り序章，第1部4章，第2部事例研究から構成されています。
　序章　家庭福祉をはじめるためにでは，今なぜ家族福祉が問われるのかについ

いて，人権や家族福祉の独自性，近代以降の家族の歴史的変遷から明らかにしています。またその変化の中で家族の文化が崩壊しつつあることや未だに残る家庭神話から，もはや家庭のみでは福祉の実現が困難なことを述べています。最後に家庭福祉を補うものとしての地域福祉の可能性を探ることで，今日の家庭福祉のあり方を探っています。

　第1部　第1章　家庭を取り巻く現代的課題では，冒頭，少子高齢社会の家庭を取り巻く現状について述べたうえで，家庭に生じる多様な問題（児童虐待，女性問題，児童保育，老人介護，障がい者）を家庭福祉との関わりから述べています。

　第2章　家庭福祉の変遷では，家族形態の変化及びその要因と家庭福祉の現状と課題を述べています。

　第3章　家庭福祉に関する法律では，家庭福祉が欠けたことにより生じてきた家族の問題に対して，適応する法律について述べています。

　第4章　ソーシャルワークとしての家庭福祉では，家族をシステムとしてとらえ，家族カウンセリングの方法により問題を解決する方法を述べています。

　第2部　第5章　家庭福祉の事例研究では，家族の多様な問題（児童の育成環境，障がい児，女性問題，高齢者，障がい者（精神障害））と家庭福祉との関係について具体的な事例から述べるとともに，現実の相談業務にあたる保育士やソーシャル・ワーカーが持つべき"倫理"の大切さを述べています。

　以上，本書を教科書として学ぶことで，学生が家族を支援するための専門的な知識・技術を習得していだければ幸いです。

　事例研究の章では，沢山のご協力をいただきました。特に小ばと幼稚園園長村松重彦氏，顧問阿久津博氏，障害者地域生活支援「バオバブ」代表五十嵐正人氏，元植草学園短期大学講師影井史枝氏，児童養護施設「野の花の家」花崎みさを氏には，お礼を申し上げます。また，学文社社長田中千津子氏に心から感謝申し上げます。

2006年4月

編著者　古　川　繁　子
　　　　中　川　英　子

目　次

序　章　家庭福祉をはじめるために………………………………………1
　1. 家庭福祉を理解するための視点 …………………………………………1
　　　1) 家族と人権……1／2) 社会福祉と家族福祉……2／3) 第一次的な福
　　　祉追求集団としての家族……3／4) 家族の歴史的変化―大家族から小家
　　　族へ―……4
　2. 家庭と文化 …………………………………………………………………10
　3. 家庭神話からみえてきたもの ……………………………………………11
　4. 家庭福祉が求められること ………………………………………………13
　　　1) 家庭から発生した今日の社会問題……13／2) 地域福祉の可能性……
　　　14

第1部　家庭を取り巻く現代的課題

第1章　現代的課題 ……………………………………………………………18
　1. 少子高齢化社会と家庭 ……………………………………………………18
　　　1) 出生率低下と人口の変化……18／2) 社会経済の変化……19
　2. 虐待・暴力と家庭福祉 ……………………………………………………20
　　　1) 児童虐待……21／2) ドメスティック・バイオレンス……24
　3. 男女共同参画社会に向けて ………………………………………………28
　4. 子ども家庭福祉：「保育サービス」の現状と課題 ……………………30
　　　1) 子育て環境の変化……30／2) 豊かさの中での貧困……31／3) 子ど
　　　も家庭福祉サービス内容の変化……32
　5. 高齢者介護と家庭福祉 ……………………………………………………32
　　　1) 高齢化の状況と介護問題……32／2) 認知症高齢者と帰宅願望……39
　6. 障害者と家庭福祉 …………………………………………………………41
　　　1) 障害者と家庭福祉の視点……41／2) 多様な障害者と家庭の課題……
　　　42／3) 子どもに障害がある親の場合……42／4) 保育機関の役割……
　　　43／5) 地域生活支援……43

第2章　家庭福祉の変遷 …………………………………………………45
1．家族形態の変化 ……………………………………………………45
1）世帯規模の縮小……45／2）子どものいる世帯の減少……46／3）単独世帯・夫婦のみの世帯の増加……46

2．少子高齢化の原因と背景 …………………………………………48
1）結婚・出生の変化……48／2）働く女性の増加……51／3）経済的に不安定な若者の増加とパラサイトシングル……53／4）少子高齢化の社会的・経済的影響……54／5）少子高齢化社会への対策と課題……56

3．家庭機能の変遷と家庭福祉 ………………………………………58
1）家庭機能とは何でしょうか……58／2）なぜ家庭機能は縮小されたのでしょうか……61／3）家庭機能縮小によって何が起きたのでしょう……65

4．日本における家庭形態の変遷と家庭福祉 ………………………68
1）「いえ」制度からの変遷……68／2）多様化する家庭……72

第3章　家庭福祉に関する法律 …………………………………………77
1．家族法 …………………………………………………………………77
1）家族法の変遷……77／2）結婚と離婚……78／3）親と子……81／4）扶養と権利擁護……83／5）相続……86／6）家族法改正への動き……90

2．児童福祉法 ……………………………………………………………91
1）家庭に代替するサービス……92／2）家庭を補完するサービス……92／3）家庭を支援するサービス……93／4）子どもたちの福祉を普及，増進するサービス……93

3．社会福祉関連法 ………………………………………………………94
1）生活保護法……94／2）身体障害者福祉法……95／3）知的障害者福祉法……96／4）老人福祉法……97／5）母子及び寡婦福祉法……97

4　その他の法律や政策 …………………………………………………98
1）男女共同参画社会基本法……98／2）ドメスティック・バイオレンス防止法（DV防止法）……99／3）子育て支援対策：次世代育成支援対策推進時代へ……101

第4章　家庭福祉とソーシャルワーク……108

1. ソーシャルワークとは……108
   1) ソーシャルワークの種類……108／2) ファミリーソーシャルワークと家族システム……109
2. 暴力とソーシャルワーク……112
   1) 児童虐待への対応・取り組み……112／2) ドメスティック・バイオレンスと対策……116／3) 児童虐待とDV……118
3. 保育サービス・子育て支援活動……119
   1) 地域子育て支援……119／2) 子育て支援ニーズと援助への課題……121
4. 事例　母親を中心に育児体験者の交流から……127

第2部　家庭福祉の事例研究

第5章　事例研究……134

1. 子どもの育成環境としての家庭の支援―児童福祉施設・幼稚園における子育て支援……134
   1) 社会が求める保育所，児童福祉施設・幼稚園の役割……134／2) 保育所における保育サービス……135／3) 幼稚園における保育サービス……141／4) 児童養護施設における保育サービス……145
2. 障害者生活支援事業所で扱った事例（障害児を育てる母子家庭からの相談）……152
   1) はじめに……152／2) 障害児を育てる母子家庭において，母親が病気になったことをきっかけに，その母親の自己実現にまでひろがった支援の事例……152／3) 事例分析……154／4) まとめ……157
3. 女性問題と家庭福祉……159
   1) はじめに……159／2) 事例紹介……161／3) 事例分析……166／4) まとめ……167
4. 高齢者と家庭福祉……169
   1) はじめに……169／2) 車いすが必要な生活になったことをきっかけに子との同居を始めた女性の事例……169／3) 事例分析……179／4) まとめ……180

5. 認知症高齢者との関わり方―帰宅願望の例から学ぶ― ……………181
   1) はじめに……181／2) 帰宅願望が強い高齢者の事例……181／3) 事例分析……182／4) まとめ……187

6. 精神病者に対する倫理観と家庭の果たす役割―沖縄の事例にみる"家庭福祉の倫理" ………………………………………………192
   1) 精神病者を家庭から排除する倫理観と社会的背景……192／2)"心の病"に対する沖縄の伝統的倫理観と家庭福祉の実践……193

男女共同参画の人びととくらし年表 …………………………………199
索　　引 ……………………………………………………………203

序　章　家庭福祉をはじめるために

　今なぜ家庭（家族）福祉なのでしょうか。序章では，その答えをまず人権や家族福祉の独自性，近代以降の家族の歴史的変遷から明らかにしていきます。またその変化の中で家族員の福祉追求となる家庭の文化が次第に崩壊しつつあることや，その一方で未だに残る家庭神話の呪縛から生じてくる数々の社会問題の存在などから，もはや家庭のみでは福祉の実現が困難なことをのべていきます。そして最後に家庭福祉を補うものとしての地域福祉の可能性を探ることで，今日の家庭福祉のあり方を探っていきたいと思います。

１．家庭福祉を理解するための視点

１）家族と人権

　国際連合は，1990年からの10年間を「人権10年」と位置づけました。その中で1994年,『国際家族年』が制定されました。近年，世界的な家族構造の変化とともに家族の機能が衰退し，女性，子ども，青年，高齢者，障害者の人権が侵害されていることが問題にされるようになってきたからです。家族は社会の中の最も基礎的な集団ですが，今日の家族ではこれらの家族員に対して必要な機能を果たし，援助を行うことがむずかしくなってきています。このような家族の状況を踏まえて国連は，国際家族年として家族の重要性を強調し，家族の役割や機能についての理解や認識を深め，家族の福祉を支援する施策を促進しようとしたものです。一方，日本でも憲法11条によって，すべての国民に基本的人権が保障されています。しかし，現在の日本では国民の権利として守られるべきこの基本的人権が，社会の最も基礎的な集団である家族だけでは守ることができない，むしろ家族が基本的人権の保障を妨げているという状況まで起こってきているのが現実です。

2）社会福祉と家族福祉

　今日，福祉の追求は家族だけではなく，親族や行政，企業，地域社会といった社会的集団によっても可能です。たとえば，日頃，家庭介護していた家族が病気などで介護が困難になった場合，他出した兄弟・姉妹や子どもなどといった親族が介護を代替する方法や，企業が派遣するホームヘルパーを利用する方法，地域住民によるNPO（非営利組織）が提供する介護サービスを利用する方法，行政の介護サービスを利用する方法などが考えられます。しかし，家族をとりまくこれらの集団が追求する福祉と家族が追求する福祉は異なっています。これについて森岡[1]は，「家族が追求する福祉は，家族員に対して画一的なものではなく，個別の必要に対応しうるように与えられ，かつ権利として要求されるよりは，自発的にしかも非打算的に提供される」として，家族の福祉が他の組織・集団では代替不可能な点があることを述べています。一例をあげれば，親族による福祉の場合は，生活に余裕がある場合に補い助けるという"生活扶養の義務"で，家族の福祉（家族員の生活のレベルを同じに保つという"生活保持の義務"）に近いものといえます。しかし，企業による福祉の場合は利潤追求を，地域のNPOの場合は組織の果たすべき使命を，それぞれその目的としているもので，家族や親族による福祉とは異なっています。

　また，森岡が述べたように，行政による社会福祉の場合，追求される福祉は，贅沢品ではなく生活必需品です。それに対して家族福祉の場合は，生活水準を向上させようとする意欲に基づいた最大性が志向されるという点でも独自のものがあります。日本国憲法からいえば社会福祉が第25条の生存権（「健康で文化的な最低限度の生活を維持する権利」）に対応するのに対して，家族福祉は第13条（「生命，自由及び幸福追求に対する国民の権利」）に対応するものです。

　社会福祉がある程度発達した今日の日本にあっては，家族による福祉追求がいっそう求められているといえるでしょう。

3）第一次的な福祉追求集団としての家族

　家族社会学の権威である前掲の森岡清美[2]は，家族とは何かということについて，まず家族の機能面から次のように述べています。「家族機能の多面性は生産・経済・保護・教育・保健・愛情など，しばしば掲げられる機能のリストを一瞥すれば明らかである。だが（家族の）包括性は，この他の機能を拾い上げてリストを拡大しても，十分には表現されない（中略）。社会の側からみれば『人間の再生産』であるが，家族員の側からみれば『福祉追求』である」として，福祉の追求が家族の基底機能だと述べています。

　この意味からいうと個人についていう場合の福祉とは，家族の一員としての個人からみた場合の「福祉追求」ということになります。

　また，「家族とは，① 夫婦・親子・兄弟（姉妹）など少数の近親者を主要な成員とし，② 成員相互の深い感情的包絡で結ばれた，③ 第一次的な福祉追求の集団である」，そして「家族は夫婦関係が核となる集団で，その性関係は，夫婦のみに限られるというインセスト・タブー（近親相姦の禁止規則）によって禁圧され，家族関係の基礎になっていること（①），夫婦関係・親子関係は，深い愛情関係で結ばれていること（②），そして何より家族員の1）保健欲求（病→健），2）経済的安定欲求（貧→富），3）情緒的反応欲求（争→和）の充足された状態（不安→平安，苦→楽）を追求することで福祉を実現しようとする集団であること（③）」と述べています。しかしながら，これらの欲求充足によって福祉を実現することは，前述のように家族以外の社会の集団によっても可能です。ここで森岡があえて家族が特に第一次的な福祉追求の手段としたのは，ひとが生涯にわたり社会的な集団の中で発達を遂げてく中で，その第一次的ともいえる幼児の人格形成には，家族が不可欠であるという意味からです。

　以上，森岡の説からは，個人としてみた場合，家族は個人の福祉追求のためにあること，そして中でも家族に特に責任があるのは，人間の幼児期までの福祉であるということになります。

4）家族の歴史的変化―大家族から小家族へ―
① 大家族の時代

　家族形態は，社会の変化，なかでも産業構造の変化とともに大きく変化してきました。その大きな要因としてあげられているのが，家族規模の縮小です。それまで大家族だった1世帯あたりの家族員が減少して小家族になっていくという現象が起こりました。アメリカ・フランスでは，産業革命とほぼ時を同じくした19世紀半ばから20世紀初頭にかけて，イギリスでは，産業革命後約1世紀も遅れた19世紀末から20世紀後半にかけて，またドイツでは約1世代遅れた20世紀初頭から半ばにかけてこの小家族化が起こりました。日本では19世紀末から20世紀半ばにかけてのことです[3]。それまで農業社会で，工業といえば手工業中心であったものが，産業革命の時期を境に，都市では次第に機械工業が中心となっていった時代です。

　この時代になぜ家族は大家族から小家族になっていったのでしょうか。以下，日本の場合を例に述べていきます。

　19世紀末から20世紀半ばにかけて，つまり明治末期から戦前にかけての日本は，第1次産業が中心の農業社会でした。そこでの家族は祖父母（および未婚の子ども）・長男とその妻・子どもたちなどからなる大家族でした。それは戦後，1950年代まで続きました。農民の多くは自分の耕地を持たない貧しい小作人で，田畑を次・三男まで相続して分家できる農家は多くはありませんでした。農家の次・三男の多くは，「家事手伝」，「日雇」などに従事しながら，半失業的な不安定な生活を送っていました。これらのうちの半ば以上を占めている「家事手伝」の多くの者が都市の工場などに就職できないために止むをえず「就業」しているもので，農家の主人になるあてもなく，分家して独立する見込みもない人たちでした[4]。

　他方，この時代の農家は，大家族によって生産と消費が同時に行われていました。たとえば今日であれば，私たちは衣服が欲しいと思えば，店で購入すればすぐ着ることができます。しかし，この時代は，衣服が欲しければまず綿花

を畑で栽培して，出来た綿から糸を紡ぎ，野草などから採れる染料で糸を染め，織機で布を織り，着物に仕立てるというような行程を経て，ようやく着物として着ることができるというものでした。ここで家族の生活を支えるのは，家族による生産です。この生産のためには，世代を引き継ぎ，労働力を確保するための「家」の経営と田畑などの「家産」を保持していくことが重要になります。このため家族は直系家族（図表序－1）の形態をとり，「家制度」により一子相続（主に長男相続）の形をとっていました。明治憲法（明治18年）5編のうち第4編「親族」および第5編「家」（明治31年施行）において，「家制度」における「家長」の絶大な権力を規定していました。

　この「家制度」における家族の生活は，親類縁者といった親族集団と密接に関わりあいながら，地域社会にも開かれた存在でした。

　この「家制度」下の家族の機能は図表序－3（昔の家族）のようなものでした。なかでも大家族における「養育」や「介護や看護」は母親や嫁だけでなく，祖父母やきょうだいなど他の家族員によって，また「教育」や「冠婚葬祭」，「娯楽」などは，家族だけでなく村落の近隣住民によっても行われていました。例えば「教育」では，子どもの行動には村の子どもとして村人の目が行き届き，「冠婚葬祭」である結婚式や葬儀などには，村人の手伝いが不可欠でした。また，「娯楽」では，"講"と称して村人が組織を作り，農閑期には神社仏閣へお参りを名目にした旅行や，村祭などによって貧しいながらも楽しんでいました。

　この時代の主婦の立場は，一般的には「家長」に絶大な権限がある反面，その立場は従属的で弱いものと考えられています。しかし加藤[5]は，「一般的慣習・理念としては，日本の主婦は家長をサポートする立場に立っています。(中略)，家長の主婦への依存度は，相当大きいものだったといえましょう。そして事実，家長が留守とか家長が亡くなった場合には，直ぐ家長を代行するのを常としています」として，実際の生活では，主婦の権限が相当にあったと述べています。たとえば冠婚葬祭の客寄せなどでは表向きは「家長」ですが，実際に

図表序-1　直系家族制のモデル

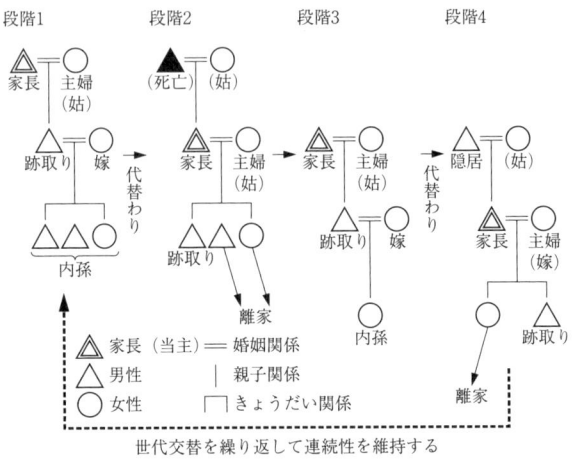

図表序-2　夫婦家族制のモデル

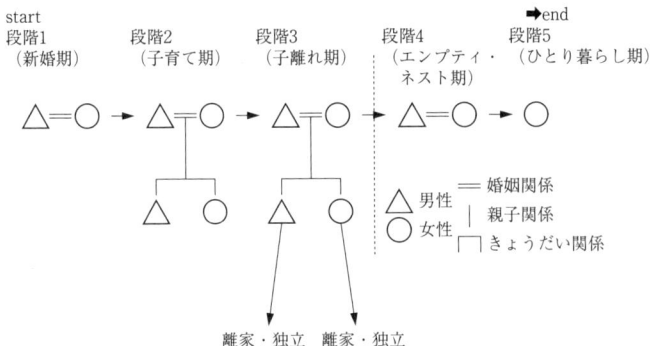

出典）岩上真珠『ライフコースとジェンダーで読む家族』有斐閣，2005年，pp.69-70

采配を振るうのは，台所を預かる主婦でした。そこには，家庭・地域のさまざまな文化を継承していく役割を担う農家の主婦の姿がありました。

② 核家族へ

アメリカの社会学者，バーチェス（1945年）は，家族の歴史的変動過程を

図表序－3　家族機能の社会化

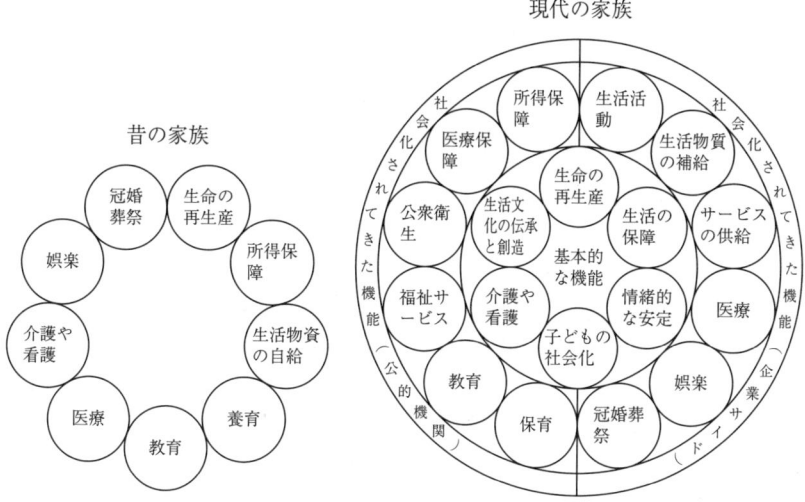

出典）酒井豊子『家政学概論』メヂカルフレンド社，2005年

「制度から友愛へ」という表現で説明しました。これは家族をひとつに結びつけるための家族員相互間の愛情や仲間意識が，かつての家族の権威主義的な力に取って代わったというものです。ここでは，家族の情緒的結びつきの重要性が強調されています。

日本では，1960年代の核家族化以降の家庭にこのことが当てはまります。

つまり日本が古い「家制度（直系家族制）」（前掲図表序－1）から新しい「核家族（夫婦家族制）」（図表序－2）へと変化していった時代です。戦後を経た1950年代後半ころから都市では大規模な工場が建ち始め，多くの労働者が必要となってきました。農家の次・三男はもちろん貧しい農家で食い扶持のない娘たちもいっせいに都市に流入していきました。いわゆる"都市化"といわれる現象が起こったものです。

都市の労働者となって働き始めたこれらの人びとはやがて結婚し，都市に定着していきます。そこでの家族は，もはや三世代・四世代がひとつ屋根に暮ら

すというようなかつての大家族ではなく，夫婦と子どもからなる核家族となっています。ちょうど1960年代の高度成長期のころからのことです。

> **家族と家庭**
>
> 　核家族の中では生産と消費は分離されています。つまり生産は企業によって行われるため，家族は消費のみを行う集団になっていきました。
> 　人間性に重点を置いたこの家族の機能からは，核家族の家族像が"家庭"というイメージに重なっています。ちなみに"家族"と"家庭"のちがいについては，森岡[6]は，「主な相違点といえば，家庭は家庭生活を問題中心とし，家族は家族集団に焦点を据えたくらいのものではないだろうか」と述べて，両者の意味の間には，本来的な相違はないように思われるとしています。
> 　そこで本書では，核家族以降の家族についてみる場合，家族生活を中心問題としてみていくことから"家庭"を用いることにします。

③ 高度成長期以降の家庭と家庭神話

アメリカの社会学者パーソンズ（1956）は，現代家族に最後の残された機能が，子どもを真の社会人に育てていく第一次社会化（①）と成人のパーソナリティの安定化（②）であるとしました。その後，この成人のパーソナリティ機能の考え方は，同じアメリカのブラッド（1964）によって，精神衛生機能（競争社会に疲れたパーソナリティを癒したり，心配事を話し合う機能）や夫婦の伴侶性（共通の友人や同伴の外出など夫婦一緒に行動する）に集約していきます[7]。

一方で戦後の困窮生活を経て到来した日本経済の高度成長期は，人びとの生活を次第に"文化生活"へと変化させていきました。なかでもそれまで主婦が労力をかけて行ってきた家事作業は，電気製品が普及することによって大きく変わりました。冷たい水であかぎれを作りながらの洗濯は電気自動洗濯機が，また，朝早くから起きて炊いていたご飯はタイマー付の電気炊飯器が辛い家事作業に取って代わるようになりました。

高度成長期の夫の過酷な労働を蔭で支えたのは専業主婦でした。妻は外で働く夫に対して，一切の家事や子どもの教育，老親の介護を一手に引き受けまし

た。"よき主婦"，"よき母親"，"よき嫁" となることが専業主婦には期待されました。それは "よき妻" であれば伝統文化の継承，たとえば正月には家に伝わる伝統的なおせち料理を作ること，"よき母親" であれば子どもをよい学校に入れるために教育ママになること，"よき嫁" であれば姑の介護を一身で引き受けることなどの "家庭神話" が存在したからです。ちなみに "家庭神話" とは，宗教的にまで人々がかくあるべきと信じている家庭像のことです。

しかし一方では，自己実現を望みながらも，主婦としてまた母親や嫁として家族員のためだけに自己犠牲を強いられて悶々とした女性が多くいたことも確かなことでしょう。

④ 低成長期以降と家庭神話の崩壊

経済の高度成長期を経て迎えたのが1973年と1979年の2度の石油ショックです。この石油ショックによる経済的ダメージを避けるために企業はリストラを実施，正社員の雇用を制限して，主婦のパート労働者の雇用を図るようになりました。それまで夫は外で，妻は家にいて家庭を守るべきとされましたが，次第に主婦がパート労働者として外で働くようになっていきます。一方では，"モノからココロ" という時代の中で，趣味やボランティア活動に自己実現を求めて外へ出る主婦も増加し，女性の社会参加はますます進展していきました。

前掲図表序－3（現代の家族）にみるように，ここで家庭の基本的な機能とされているうち，介護や看護，子どもの社会化などの機能が，公的機関や企業により代替することが可能になり社会化されるようになっていったのもこの時期のことです。

その一方でこの時期は，低成長期による財政悪化のため，政府による「福祉見直し論」が急浮上してきた時でもあります。いわゆる「福祉における含み資産」（1978年『厚生白書』）とは，日本の三世代同居家族の比率の多さを評価した言葉ですが，そこでは，家庭基盤の充実がいわれ，第一義的には，老親の扶養と子どもの保育・躾が "家庭の責務" であるとされました。

1980年代になると唯一の価値観（勉強ができるのがいい子）によって教育さ

れてきた子どもたち（主に中学生）は，学校で教師に向ける暴行や校舎の破壊など，教育に対する不満の捌け口を求めた"校内暴力"や友人同士の"いじめ"がピークを迎えることになります。また家庭では，子ども（主に中高生）の親に対する"家庭内暴力"がマスコミで取り沙汰されるようになってきます。さらに80年代後半からは小中学校での"いじめ"問題も深刻化していきました。

家庭神話のひとつである"教育ママ"の存在にも次第に疑問が投げかけられるようになってきました。

それでも3歳児神話にみるように子どもが3歳までは母親の手で育てなければならないとか，夫の年老いた両親の世話は，妻の責務であるというような家庭神話は依然，残っていました。

2．家庭と文化

前述したように家庭（家族）は第一次的福祉追求の集団と位置付けることができます。一方で，人びとの多様な生活には，それぞれの文化がその背景に存在します。人びとは，家庭生活の中で文化を享受することで，生活水準をよりいっそう向上させ，第一次的な福祉を実現することになります。

一番ヶ瀬[8]は，「普通の人々が楽しんでいる生活文化－それを同じレベルで楽しみたいとする少数派の人々（障害者・高齢者など），その人々の欲求を当然と考え，ともに実現をめざして条件整備していくのは，福祉文化の実現であろう」として，現代の日常生活における福祉文化の実現の例を述べています。例えば，「食生活であれば，健康維持や疾病予防のための料理によって食の質を高めること。被服生活であれば，高齢者にとって不可欠な保温性や着脱，動きやすい材質と防燃性，ファッション性などの研究・製品開発が日常的におこなわれるシステムを創り出していくこと，住生活であれば，機能面のほかに，日本の文化を反映した素材・美しいデザイン，心地よい色彩などの文化的欲求を満たす福祉機器の作成である」

しかしながら冒頭で述べたように家族員のすべてが日本国憲法でいう「生

命・自由及び幸福追求に対する国民の権利」や「基本的人権」として福祉を享受するのが家庭福祉だという考え方からすれば，その対象となるのは高齢者や障害者には限らないことになります。

家庭では，障害者や高齢者を含めたすべての人びとの福祉文化の実現が求められているのです。

3. 家庭神話からみえてきたもの

1990年，福祉八法に改正されたことで，高齢者や障害者の施設入所や措置権限が国から市町村へ移行することになりました。また，在宅福祉・在宅介護の推進とそのための条件整備として施設から地域社会への移行や老人保健福祉計画の策定が市町村に義務づけられ，また一歩地域福祉実現に近づきました。

さらにその10年後，2000年に介護保険法が施行されたことで，それまで措置として行われてきた数々の福祉サービスが，市場原理を利用した利用者の選択と契約で行われるようになりました。

措置の時代，福祉サービスを利用することは，一種のスティグマ（望ましくないもの，よくないイメージ）として人びとに捉えられることが多かったものです。しかし，この介護保険によって，権利としての福祉サービスの利用が可能になり，今までの間にかつてのスティグマは払拭されたといっても過言ではないでしょう。しかしその一方で，夫の年老いた父母は，家庭内でみなければならない，嫁である妻が看なければならないという家庭神話も依然として人びとの意識の中には残っていました。あえて自分の自己実現を年老いた父母の介護に求めた結果，疲れ果ててしまい，かえって老人虐待に走ってしまうような事件も頻繁に聞かれるようになりました。

また，3歳児神話から生じたと思われる児童虐待などの場合にも同様なことがいえます。1998年『厚生白書』によると3歳児神話について次のように述べられています。「（3歳児神話は）戦後の高度経済成長期を通じて，核家族化が進む中で母親が一人で子育てに専念することが一般化したもので，普遍的なも

のと受け止められがちな"母親は子育てに専念するもの，すべきもの"との社会的規範は，戦後の数十年の間に形成されたに過ぎない。また，子育てにおける「母性」の果たす役割が過度に強調され，絶対視される中で，"母親は子育てに専念するもの，すべきもの"という社会的規範が広く浸透したものである」，そしてさらに，「妊娠・出産・哺乳が母親（女性）に固有の能力であるとしても，たとえば，おむつを交換する，ごはんを食べさせる，本を読んで聞かせる，お風呂に入れる，寝かせつけるといった育児の大半は，父親（男性）によっても遂行可能である」として父親がその責任の一端を果たすべきことを述べています。また，母親ひとりが子育てをすることについて「子育てについては専業主婦により高い不安傾向がある。家に閉じこもって，終日子育てに専念する主婦は，子育てについて周囲の支援も受けられず，孤独感の中で，子ども中心の生活を強いられ，自分の時間が持てないなどストレスをためやすいためではないか」として，そのことで「児童虐待や，母子が過度に密着することで色々な弊害を招いてしまうことが指摘されるようになってきている」と述べています。

　老人虐待や児童虐待は，いずれも家庭の主婦やその周辺の人びとが家庭神話にしばられた結果招いたものも多いものです。家庭神話から解放されて，真の福祉が家族員に享受されることが望まれます。

　前述したように家庭の個人には福祉文化による福祉追求が求められます。しかしながら女性が自己実現を求めて（あるいは経済的理由で）社会参加し始めた現在，たとえば，文化の伝承としての郷土料理を家庭で作ることは少なくなっています。そうであれば郷土料理は家庭の主婦が作るべきものという家庭神話に捉われずに地域の児童館などで郷土料理を子どもたちに教えながら味わってもらうということもひとつの方法ではないでしょうか。

　いずれにしても日本人や地域に根付いている家庭神話から解放されて新しい家庭福祉の形を創造していくことが今求められています。

4．家庭福祉が求められること

1）家庭から発生した今日の社会問題

　今日，家庭から発生した社会的問題は少なくありません。2001年の東京都福祉局『児童虐待白書（通称）―児童虐待の実態－東京の児童相談所の事例にみる－』によると虐待の発生件数は，1,000人当たり0.7人と事の深刻さからいえば決して少ない数ではありません。虐待者が，実母が約59％，実父が約24％からすると明らかに家庭内から発生したものであることがわかります。また，母親の離婚などによって生じた養・継父等（約5％）による虐待は実父の5分の1で，幼児の場合重症な虐待にいたる例がみられるといいます。さらに虐待は，両親のどちらかと子どもだけのひとり親家庭での出現率が高いのに対して三世代家族は極めて少ないことが指摘されています。その前年の2000年，「児童虐待の防止等に関する法律」が児童虐待の早期発見・早期対応と被害を受けた児童の適切な保護を行うこと等を目的として制定・施行されました。家族員，特にここでは，子どもの基本的人権が家庭によってむしろ妨げられている現状があります。

　また，同じような意味で高齢者虐待の問題があります。特に在宅における高齢者虐待は，介護者が日常的な介護の中で精神的・肉体的に疲れきってしまった結果，虐待にいたることが多いことが指摘されています。また，家庭内で高齢者を虐待する加害者は，「息子」が32.1％と最も多く，次いで，「息子の配偶者（嫁）」20.6％，「配偶者」20.3％（「夫」11.8％，「妻」8.5％），「娘」16.3％となっています[9]。その一方で虐待に至るまでの間には，さまざまな家族関係が関係しているといわれていますが，そこには，虐待を受けた高齢者の基本的人権はないことになります。

　これらのことからでも，今日，家庭のみで福祉の実現をめざすことは困難なことがわかります。

2）地域福祉の可能性

　かつての村落共同体には，若者宿というシステムがありました。写真は幕末から大正時代にかけて，高知県幡多郡の各地にあった泊屋のひとつで，国の重要民俗資料となっているものです。この泊屋は若者宿と呼ばれた高床式平屋建ての建物で貴重な民俗風習を今に伝えています。ここでは，未婚の若者たちが泊まって，夜警や災害救助，祭りなどの行事に参加していましたが，男性が一人前の大人になるためのさまざまな知識・技術が年長者から教えられていたといいます。このようにかつての農業社会における，家庭は地域に開かれていて，家族だけでなく地域によって子どもの社会化が行われていたことがわかります。

　同じような意味で今，地域の子ども会や児童館が復活し始めています。あるいは"居場所"と称される子どもの居場所作りが，全国各地で地域のボランティア活動により行われています。たとえば，社団法人全国子ども会連合会では，子どもたちに自分の親以外にも親的大人との関係を持ち，地域の異年齢のものをきょうだいとする仕組みをつくる必要があるとして，子ども会活動を推進しています。

　また，地域の児童館では少子化の中，放課後，異世代の子どもが集まることで，きょうだいのような関係が生まれて，人間関係を学ぶ場になっているといいます。そこでは，お月見や豆まきなど，かつての家庭で行われていた生活文化の伝承としての年中行事も行われていて，子どもの情操教育に役立っているといいます。今，まさに家庭福祉は地域福祉の支援を得て，家族員の自己実現に向かって，困難な途上へ踏み出したところといえるでしょう。

注）
1）森岡清美・望月崇『家族関係－現代家族生活の社会学－』放送大学教育振興会，1978年，pp. 298－305
2）森岡清美・望月崇『新しい家族社会学（改定版）』pp. 2－5, pp. 17－19, 培風館，1991年
3）前掲書，1978年，pp. 64－68

図表序-4　昔の"若者宿"（浜田の泊屋）

写真は，高知県宿毛市に現存する「浜田の泊屋」
出典) http://www.city.sukumo.kochi.jp/sbc/history/kankou/s05.html

4) 法政大学大原社会問題研究所『日本労働年鑑　第26集』1954年版
　　第一部　労働者状態　第二編　雇用と失業第二節　農村の潜在的失業者
5) 加藤秀俊『家庭の本質』放送大学教育振興会，1986年，pp.51-52
6) 前掲書[1] p.24
7) 前掲書[1] p.273
8) 一番ヶ瀬康子ほか『福祉文化論』有斐閣ブックス，2005年，pp.19-23
9) 平成17年版『高齢者白書』厚生労働省，2007年

第1部　家庭を取り巻く現代的課題

第1章　現代的課題

1．少子高齢化社会と家庭

1）出生率低下と人口の変化

　2005年，ひとりの女性が一生に産む子どもの数の推計，いわゆる合計特殊出生率はついに1.29を割り1.289，過去最低の数値を示しました。この数値は合計特殊出生率が人口を維持するのに必要な水準（人口置き換え水準）の2.08を大きく下回っており，この状況は1970年代半ば以降続いているもので依然「少子化現象」に歯止めがかかっていません。戦後のベビーブームの4.3から第2次ベビーブームには2.14と持ち直したもののいわゆる1989年（平成元年）の1.57ショック以来下がり続けています（図表1－1）。わが国では初めて1997（平成9）年に15歳未満の年少人口が65歳以上の高齢者人口より少なくなり

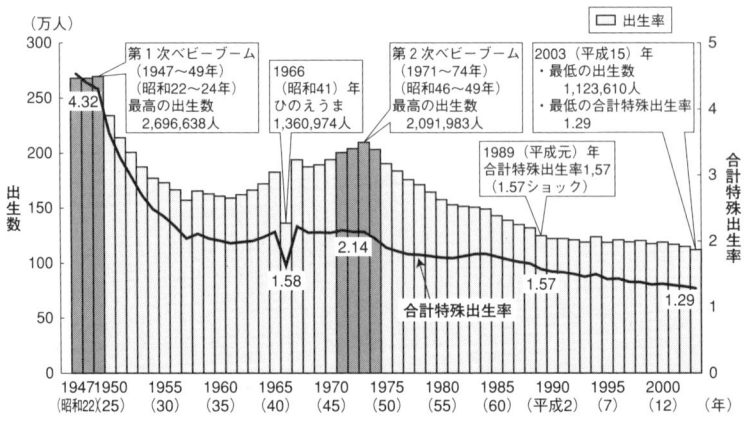

図表1－1　出生数及び合計特殊出生率の推移

資料：厚生労働省「人口動態統計」
注：合計特殊出生率とは，15～49歳までの女子の年齢別出生率を合計したもので，1人の女子が仮にその年次の年齢別出生率で一生の間に産むとしたときの子どもの数に相当する。
出典）『平成16年版　少子化社会白書』p.7

2005（平成17）年には年少人口が13.8％，高齢者人口が20％に達し5人に1人はお年寄りというまさに「少子・高齢社会」(Aged society with a fewer number of children) を迎えたといえます。イタリア・ドイツなどのヨーロッパ諸国でも高齢化率は高くなっていますが，日本は子どもの数の割合が諸外国と比べると最も低い水準になっています。

国立社会保障・人口問題研究所の推計（2002年1月推計・1985年出生コーホートによる中位推計）によると，晩婚化・未婚化が進み夫婦出生力が低下しこの1985年生まれの全女性の平均出生児数は1.39人となっています。また，10人に3人は生涯子どもを生まないとされ，2050年の合計特殊出生率は1.39と推計しています。これを前提とすると，わが国の人口は2006年にピークを迎えその後減少に転じ，2020年には12,401万人，2050年には10,059万人と推計されています。これは高度経済成長期の1967年に1億人を超えた時の人口とほぼ同じですがその内訳は，年少人口からいうと半分以下，高齢者人口で6倍近くにもなることになります。そして，なによりも働き手である生産年齢人口は3割近くも減少，全国民の平均年齢は51.3歳と83年前とは，人口は同じでも人口構成が大きく異なった，まさに年老いた「人口減少社会」が予測されています。これに対しての要因分析，それを受けての取り組みそして，国民の意識や行動を変えていかなければ，先行き不安な社会が待ち受けていることになります。

2）社会経済の変化

生産年齢人口（15〜64歳）の割合は2000年には67.9％になり（国勢調査）初めて減少になっています。先に述べたように日本では今後は高齢者人口（65歳以上）だけは増えるが，年少人口（0〜14歳）とこの生産年齢人口は減っていき，人口も2006年をピークにして減っていく，「人口減社会」になっていきます。これは社会の中心になって働く労働者の人口の減少につながります。労働力人口は，2005年をピークにして減り始め，団塊の世代の大量の引退がこれに拍車をかけるといわれています。またニート（NEET：働かない，学校にもいかない，職業訓練もしない）など，若い人の職離れも加わり若年層の労働力が減

り，60歳以上の労働力が増加するという労働力の高齢化にもなってきます。これはまさに社会経済を動かす労働力の質と量の変化です。労働力の減少はGDP（国内総生産）を下げ，日本の経済成長率をマイナスにします。また需要面では，物が売れにくくなり全体的に消費レベルが下がるとされています。これからは今まで以上に働く環境を整えて若者や高齢者，女性の労働力の参入を図っていかなければなりません。

　若者の年金不払い，高齢者医療費の増大などの社会保障の面でも少子高齢化は大きく関わってきています。老人医療費を中心とした医療保険，年金給付，介護給付の増大は必至です。世代間扶養の仕組みの日本では，現役世代の保険料負担が高齢者の給付になるので，高齢者の増加は現役世代の負担増になるわけです。その上負担に見合った給付があるのかという不安があり，負担と給付の公平や，給付の効率化など，各制度の見直しが急がれています。

　『少子化社会白書』では，総人口が減少に転じる2005年からの5年間は人口の転換期を迎える一方で，わが国の人口構成上，出生率や出生数の回復にとって重要な時期であり，好機（チャンス）だと指摘しています。90年代後半からいわゆる団塊ジュニアと呼ばれる「第2次ベビーブーム世代」（1971～1974年生まれ）やその前後の女性たちが，出産年齢期に入っているため，出産可能な人口が多いこの時期こそ少子化の流れを変えるチャンスなのです。この世代を対象の中心として出生や子育てにメリットがあると認識できる積極的な施策が望まれるところです。

2．虐待・暴力と家庭福祉

　少子高齢化の流れの中での家族を取り巻く状況の変化をみてきましたが，それは家族関係の変化，地域力の低下などを招き近年にないさまざまな家族問題を生み出しています。特にここ数年，ニュースや紙面を賑わせているのが児童虐待です。またドメスティック・バイオレンス（Domestic Violence：略してDVという）や高齢者虐待など家庭内での暴力が増加し，表面化してきたといえます。

1）児童虐待（Child Abuse）

① 児童虐待の歴史

児童虐待は，あらゆる国，文化，階層で，またいつの時代にもありました。日本では古くは7世紀までさかのぼりますが，農民の貧困による人身売買が最初だとされています。その後明治から大正時代には「女工哀史」（大正14年）などで紡績を中心とする職工集めとしての女工の過酷な労働は知られているところです。また海外売春婦である「からゆきさん」や口べらしの丁稚奉公・間引き・子捨てなど社会の貧しさが引き起こした「社会病理としての虐待」の時代がありました。しかし戦後になり，基本的人権をうたった日本国憲法の施行以後，「労働基準法」・「児童福祉法」・「売春防止法」などの施行，1951（昭和26）年5月5日には新しい児童観を掲げた「児童憲章」が制定され社会病理としての女性や子どもに対する虐待は姿を消していきます。その後高度経済成長により物質的には豊かな時代になっていき「子どもの権利条約」の批准など子どもの人権も認められるようになりますが，今度は家族の変化による精神的病理といえる虐待が増加してきたといえます。このような現代の虐待を「家族病理としての虐待」と位置づけています。

② 児童虐待の実態

児童虐待にはチャイルド　アビューズ（child abuse）という英語があてられますが，アビューズには「虐待・酷使」とともに「誤用・濫用」という意味があります。これは単に暴力をふるい虐待するだけでなく，権力・武力などを誤用・濫用した為に起こる事柄も含みます。したがって子どもに対して力のある者がその力を濫用した不当な扱いの事柄，すべてが「虐待」にあたるわけです。身体を傷つけるだけでなく，子どもの尊厳までも傷つけることなのです。まさに子どもの人権を無視したものだといえます。

ここでは，人権問題の研修プログラムの開発・指導に携わっている森田ゆりの実践を参考にみていきたいと思います。一般的に児童虐待の定義は「児童虐待の防止等に関する法律」にも定義されていますが，森田が指摘しているよう

に法律では虐待の行為者を「保護者」に限定しており，家庭外での虐待に対応できないので，より実践的な広い定義でみていきます。

　厚生労働省によると2004年度の児童虐待の相談件数は児童相談所（児相）が対応したものだけで前年度を24％上回り，統計をとりはじめた90年の1101件から32,979件とこの14年間に約30倍にも増加しているのがわかります。これには法律の整備による取り組みの強化や社会的関心の高まりが考えられます。この数値はあくまでも児童相談所で受け付けた虐待の相談件数であり，まだ通告されていない虐待は含まれていないのでこの数値の裏に潜んだ虐待が多くあると考えられます。児童相談所が扱う虐待件数は，氷山の一角といえます。相談内容では半数近くが「身体的虐待」で近年「ネグレクト」・「心理的虐待」が増加しています（図表1－2）。主たる虐待者は実母が63.2％と圧倒的に多いが，これも近年増加傾向にあります。実父母が虐待者の割合は実に85.6％にものぼっています（図表1－3）。「ネグレクト」が虐待として認識されてきたことや，タブーであった「実母による虐待」が相談できる環境が整ってきていると思われます。

　a）乳幼児突然死症候群（SIDS）について……2002年香川県の保育園で起きた虐待死事件（医師の「SIDSの疑い」の診断の為警察が捜査に乗り出せず，

図表1－2　児童相談所における児童虐待の内容別相談（平成14年度）

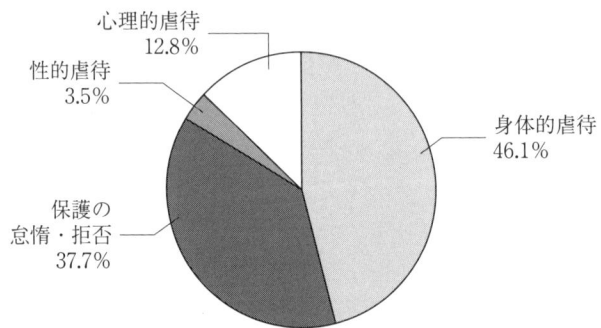

出典）保育士養成講座編纂委員会編『家族援助論』（改訂・保育士養成
　　　講座　2005　第11巻）全国社会福祉協議会，2005年，p.62

図表 1 — 3 児童相談所：児童虐待相談における主たる虐待者（平成14年度）

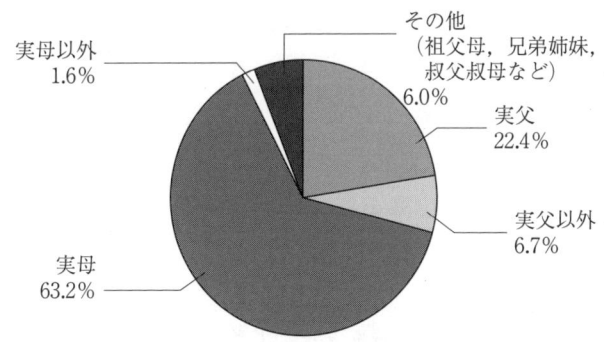

出典）保育士養成講座編纂委員会編『家族援助論』（改訂・保育士養成講座 2005 第11巻）全国社会福祉協議会，2005年，p.62

両親の訴えによる捜査の再開により園長の10年に及ぶ虐待が明らかになる）で，厚生労働省はずさんなSIDSの診断を見直すこととし，虐待，外因死，窒息死などの可能性がまったくないことが確認されないとSIDSの診断をしてはならないとしています。虐待がかくれている可能性のある安易なSIDSの診断が見直されてきています。

　b）性的虐待について……性的虐待は外傷がなく，見えないので第三者には発見しにくく，被害者の多くは被害を訴えないこともあり，表面化しにくい虐待です。児相への相談件数も最も少なくなっています（図表1－2）。日本では内容上，調査がしづらく特に全体を対象にした実態調査の積み重ねがないのですが，児童相談所の相談外の，たとえば学校での性的被害などを含めると多くなってきていると思われます。加害者は大半が男性で，被害者は女子が多いのですが男子もかなりの頻度で性的虐待にあっており，家庭外でペドファイル（子どもを性行為の対象にする病理をもつ人びと）の被害にあう割合が女子よりかなり多いと森田は報告しています。2001年大阪の研究班が行った児相扱いの166件の調査によると子どもへの性的虐待は40％が実父，22％が継父，母のつきあう男性が12％，4分の1が性交を強いられており，虐待を受け始める時

期は小4からが多くなり4人にひとりは乳幼児期からで，相談するまでに平均で2年半，7年以上かかったケースもありました。相談しにくく，長い期間におよび，しかも実の父親からというのが家庭内の性的虐待の特徴です。したがって虐待の影響は深刻で，深い心の傷を子どもに残します。この調査では自傷などの精神症状は約50％，家出，徘徊，多動，乱暴など行動上の問題は約52％，性的逸脱行動や年齢にふさわしくない性的言動は約36％，夜尿，頭痛などの身体症状が22％です。精神的ダメージは大きくこれは人格形成上重要な「信頼の心」を失うことになります。それは人への不信感をもたらし，無力感，自責感など日常生活に大きな支障をきたします。被害者にはこのように大きな傷跡が残り，加害者にとっては罪の意識がとても低いのが性的虐待の特徴でもあります。また日本の法律では刑法に近親相姦の処罰規定がないので父親などの性的加害者が逮捕されることはきわめて少なくなっています。早急な法的解決手段が待たれるところです。

2）ドメスティック・バイオレンス（Domestic Violence：DV）

Domesticとは"家庭の"Violenceとは"暴力"という意味で直訳すると「家庭内暴力」ということになります。日本でいう「家庭内暴力」は一般的に子から親への暴力を指しますが「DV」とは，夫婦間や恋人などの"親密な"関係の中での暴力を意味します。"親密"とは内縁関係も含む夫婦，恋人，婚約者，同棲相手，別居中の夫婦，元夫，元婚約者，元恋人などすべての「親密な関係にあるパートナーからの暴力」をいいます。かなり幅広い概念となっています。女性から男性の暴力も含みますが，実際は9割以上は男性から女性への暴力となっています。まずDVは単なる夫婦の不和，喧嘩ではなく重大な人権侵害であることを認識しなければなりません。欧米では1970年代の女性解放運動の高まりの中，日本よりも早く，男性優位・女性従属の社会構造を背景とした社会問題として取り上げられてきました。米国では1975年〜1985年にDVに関する全州調査が行われ，DV防止についての研究も社会学，フェミニズム，心理学，犯罪学などの分野で研究が積み重ねられてきていますが，なお現在にいったっ

図表1－4　暴力の種類

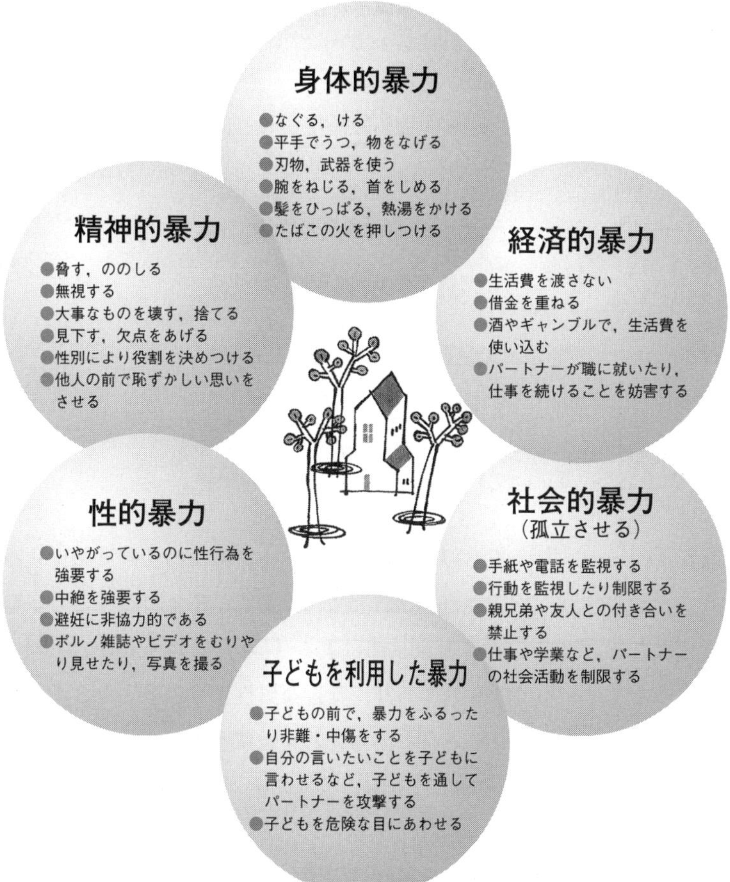

身体的暴力
- なぐる，ける
- 平手でうつ，物をなげる
- 刃物，武器を使う
- 腕をねじる，首をしめる
- 髪をひっぱる，熱湯をかける
- たばこの火を押しつける

精神的暴力
- 脅す，ののしる
- 無視する
- 大事なものを壊す，捨てる
- 見下す，欠点をあげる
- 性別により役割を決めつける
- 他人の前で恥ずかしい思いをさせる

経済的暴力
- 生活費を渡さない
- 借金を重ねる
- 酒やギャンブルで，生活費を使い込む
- パートナーが職に就いたり，仕事を続けることを妨害する

性的暴力
- いやがっているのに性行為を強要する
- 中絶を強要する
- 避妊に非協力的である
- ポルノ雑誌やビデオをむりやり見せたり，写真を撮る

社会的暴力（孤立させる）
- 手紙や電話を監視する
- 行動を監視したり制限する
- 親兄弟や友人との付き合いを禁止する
- 仕事や学業など，パートナーの社会活動を制限する

子どもを利用した暴力
- 子どもの前で，暴力をふるったり非難・中傷をする
- 自分の言いたいことを子どもに言わせるなど，子どもを通してパートナーを攻撃する
- 子どもを危険な目にあわせる

出典）千葉市　男女共同参画課『ドメスティック・バイオレンス　配偶者・パートナーからの暴力をなくすために』2002年，p.4

ても毎年200万人の妻が夫から殴打されているという統計があり，18秒毎にDVが起こっているとされます。日本では公娼制度のもとでの売春が認められていた時代もあり，また「家制度」という封建的な家族制度の時代では封じ込

図表1−5　児童虐待とDV（暴力の連鎖）

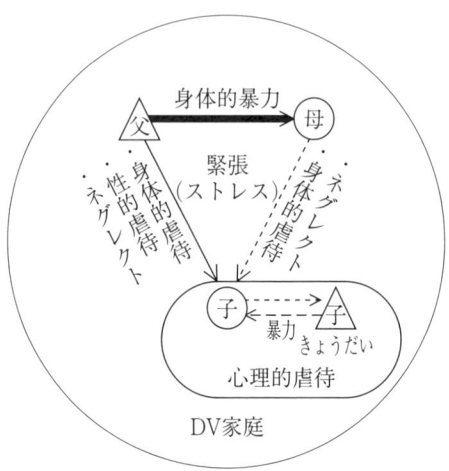

められた女性への暴力は多くあったと思われます。戦後の法制度の変化や整備により，女性の権利が保障されるようになり，DVも社会問題として認識されるようになりました。1998年の東京都による『「女性に対する暴力」調査』は公的調査としては初めてのものであり，身近な男性からの暴力を3人にひとりが経験している結果が出されるなど，具体的な数値が示され，これを機に日本でもDVが表面化し，問われるようになりました。

① 暴力の種類・性質

日本では法的レベルでの暴力の定義は限定されているので，ここでは相談や調査のレベルでの広い概念での暴力のパターンを整理しておきます。内閣府の「配偶者からの暴力相談の手引き」では大きく身体的暴力・精神的暴力・性的暴力の3つにわけていますが，図表1−4ではより具体的な内容を示しました。このようにDVの暴力の特徴は，①「なぐる」，「ける」などの身体的暴力だけではなく「子どもを使った暴力」など広範囲な行為である。② いくつもの暴力が重複して複合的に行われている。③ 加害男性は外では穏やかな人物とさ

れていることが多く暴力の対象は親しい間柄に限られており，常に暴力的人物ではない。④ 激しい暴力を振るう時期と配慮ある優しい時期が交互に起こっている。④ は米国の心理学者レノア・ウォーカーの「暴力のサイクル理論」とよばれるもので，まずパートナーのストレスが蓄積され，軽い暴力はあるものの暴力は抑制されており女性もいつ起こるかと緊張している段階の「緊張蓄積期」，次にはついにその抑制がはずれ，激しい暴力を振るう「暴力爆発期」，そして暴力後の男性は謝罪して極度に優しくなり，尽くしたり贈り物をする，女性は今度こそ暴力が収まるのではないかと期待する「ハネムーン期」となっており，外部からの強力な介入がない限り，また緊張が蓄積されていくというようなサイクルを繰り返していくわけです。

参考文献
・森田ゆり『新・こどもの虐待』岩波ブックレット No.625，2005年
・池田由子『児童虐待』中央公論新社，2002年
・夏刈康男・宮本和彦編著『児童虐待・DV－その事例と対応』八千代出版，2004年
・保育士養成講座編纂委員会編『家族援助論　第11巻』（改訂・保育士養成講座）全国社会福祉協議会，2005年
・『朝日新聞』2003年12月17日，2004年10月13日，2005年4月22日，6月29日
・草柳和之『ドメスティック・バイオレンス新版―男性加害者の暴力克服の試み』岩波ブックレット No.629，2004年
・レノア．E．ウォーカー著，斉藤学監訳『バタードウーマン虐待される妻たち』金剛出版，2001年
・『朝日新聞』2005年5月12日，6月10日
・千葉市『ドメスティック・バイオレンス配偶者・パートナーからの暴力をなくすために』千葉市男女共同参画課，2002年
・内閣府男女共同参画局編『平成17年版　男女共同参画白書』国立印刷局，2005年

3．男女共同参画社会に向けて

> **日本国憲法**
> 第13条【基本的人権の尊重】
> 　すべて国民は，個人として尊重される。生命，自由及び幸福追求に対する国民の権利については，公共の福祉に反しない限り，立法その他の国政の上で，最大の尊重を必要とする。
> 第14条【法の下の平等】
> 　① すべての国民は，法の下に平等であって，人権，信条，性別，社会的身分又は門地により，政治的，経済的又は社会的関係において差別されない。
> 第24条【家族生活における個人の尊厳と両性の平等】
> 　① 婚姻は，両性の合意のみに基づいて成立し，夫婦が同等の権利を有することを基本として，相互の協力により，維持されなければならない。
> 　② 配偶者の選択，財産権，相続，住居の選定，離婚並びに婚姻及び家族に関するその他の事項に関しては，法律は，個人の尊厳と両性の本質的平等に立脚して，制定されなければならない。

　戦後，憲法の改正によって基本的人権の尊重が謳われ，女性の権利，特に家庭生活における平等が保障されてきましたが，その理念は実現されたのでしょうか。

　家事労働は家族の生命の維持や労働力の再生産，家族員の人間としての成長や発達を目的とした，なくてはならない営みとして認識されています。しかし，労働力を商品化し貨幣価値を優先させた資本主義の発達は賃金というかたちで代価を受け取る市場労働を有償労働（ペイド・ワーク）とし家事労働を無償労働（アンペイド・ワーク）として市場経済の中に位置づけました。イヴァン・イリイチはアンペイド・ワークを市場経済を経由しないで存在する概念であるとし，「産業社会が財とサービスの生産を補足するために必然的に要求する労働」つまり市場労働と対等ではなくそれを補完する従属的な労働と位置づけ

「シャドウ・ワーク」と名づけています。市場経済の中では表に出てこない"影"の部分としたわけです。これは産業社会の発展とともに家庭内での労働を男性と女性に市場経済の原理で振り分けることになり，産む性である女性を家庭内に留め，賃金を得る家庭外の労働を男性の労働としたのです。「男は仕事（外），女は家庭（内）」という性別役割分業は効率のよい原理として産業社会の発展とともに支持されてきたといえます。

　日本でも戦後の高度経済成長期に性別役割分業は支持され定着してきました。妻は家庭を守り男性の働きを支えるというライフスタイルが豊かな日本の家族モデルとなってきました。「専業主婦」が増加し，そのライフスタイル，言葉ともに定着したのもこの時期です。しかしその後の女性の就労の増加は女性に外の働きと家事労働という内の働きの二重の労働を課すことになってくるのです。古い家族制度の理念や固定化された性別役割分業観は女性の生き方や選択の自由をせばめ，家庭内労働から女性を解放することをむずかしくさせ，今もなお女性を家庭に閉じ込めている傾向があります。伝統的役割分業観は賛成派が減ってきているもののまだ男性は半数以上が支持しており，先進諸国の中では役割分業観が高い国となっています。家事の分担を生活時間からみても夫の家事時間は驚くほど短く，妻の働きに関係なく短いといえます。時間を比較する限りではフルタイムの妻は余暇の時間も少なく仕事と家庭の二重負担の生活がみえてきます。また子育ての負担感は共働きの母親よりも専業主婦の方が負担感が大きいことがわかっています。「育児の自信がなくなる」などの"育児不安"も専業主婦の方が強く，1日中家庭という密室で子どもと向き合い育児の責任をひとりで負う姿がみえてきます。いずれも夫，父親という男性の姿がみえてきません。明らかに男女の分担の不平等があります。これには男性の労働時間の長さなどが指摘されていますが，「男性の働き方の見直し」を含めた社会全体の制度としての支援は始まっています。子どもの養育や介護などの家事労働は母親や妻だけが担うものではなく，家族の協力，特に一番身近である父親や夫の協力が不可欠であることを個々人がよりいっそう自覚する必

要があるのではないでしょうか。社会と家庭の両面においてバランスのとれた男女の関わり方ができて初めて先に掲げた憲法の理念が生かされたといえます。

4．子ども家庭福祉：「保育サービス」の現状と課題

　子ども家庭福祉において「子どもの最善の利益」は，最優先されるべき事柄です。『子ども権利条約』では「子どもの最善の利益」，すなわち子どもの権利は子どもの最善の利益をもたらすものでなければならないとあります。そして，「子ども権利条約」の第29条，第一項目の教育の目的では，「児童の人格，才能並びに精神的及び身体的な能力をその最大限まで発達させること」とあります。今日，日本における子育てや教育，福祉は本当の意味で「子どもの最善の利益」を目的としているでしょうか。親の都合ばかり優先した育児や，塾や習い事の過熱化や，早期教育，受験目的のための勉強に重点が置かれている状況，それが「子どもの最善の利益」のように思われていたり，混同している節があります。子どもの「興味，関心」を抜きに「子どもの最善の利益」は考えられません。子どもの側に立って「興味，関心」を考えるということは，大人である私たちにとって大変むずかしいことです。しかし，このことを念頭に置き子ども家庭福祉のあるべき姿を考えていかなければならないと思います。

　そして，大人がよかれとしていることが「子どものためになっていないのでは…」という大人側の不安も生まれています。親は子育てに対して自信を喪失するケースもよく聞かれます。切れる子や不登校等の問題は当事者の親だけの問題ではなく，社会全体で考えていかなければならない，深刻な社会問題となってきました。

1）子育て環境の変化

　戦後60年，人びとの生活やその意識は大きく変わりました。子育ては，母親や祖母ら女性が家庭で担うものという固定的な役割分業や意識がありました。

　1970年代に入り高度経済成長により農村から都市部への人口集中・急速な都

図表1－6　児童の育ち・子育て環境の変化

親の生活	児童の生活
核家族化 晩婚化・未婚率の上昇 女性就労の一般化と多様な就労形態 出生率の低下→少子化 離婚の増加 子育てと就労の両立困難 子育て不安の増加 児童虐待の増加	遊びの縮小化 地域環境の悪化 生活リズムの乱れ 人間関係の希薄化 不登校・いじめの顕在化 減らない養護児童 体罰・虐待の被害 直接体験の希薄化 遊びの希薄化

出典）新・保育士養成講座編纂委員会『家族援助論』全国社会福祉協議会，2005年

市化が進みました。そして家族を取り巻く状況や家庭形態にも大きな変化をもたらしました。三世代家族の減少から核家族が一般的な形になり，単身赴任世帯や離婚に伴うひとり親家庭，共働き家庭の増加等，家族の姿は多様化しています。

　家族の姿の多様化や，少子・家族の小規模化の現代のもたらす子どもたちの育成環境は，両親が育った地域や環境と異なることが多くなりました。そこでは，親から子への子育て知識や経験の伝承といった家族の機能を低下させ，親の養育力の低下がもたらされました。また，都市化や親と子世代の育成環境の違いは，地域や近隣の家族との結びつきが弱くなる傾向にあります。近隣関係の希薄化は家庭の孤立化をもたらし，母親が子育ての悩みや不安を抱えている状態も多くあります。育児ストレスは，児童虐待にもつながる要因になること，多くの深刻な問題を生みだす原因になっていることが報告されています。

　さらに，子どもの数の減少は，子ども同士の交流の少なさにつながり子どもの健全な育成に影を落としています。

2）豊かさの中での貧困

　世界には，子どもが収入を得るための労働力となったり，食料不足，戦争，不衛生な育児環境で生命の保障すら危うい子どもたちがいます。それに比べて日本は，義務教育も保障され，物の豊富な生活が当然豊かな養育環境の中にい

るようにみえます。しかし，少子化の中で過保護であったり，子ども同士の関わりの薄さや，直接体験や遊びの乏しさが，子どもの育ちの貧困を招いている原因になっています。豊かさの中で育児能力の低下という貧困を招いているのが現状です。

3）子ども家庭福祉サービス内容の変化

近年，福祉に対する考え方に大きな変化をもたらしています。そして，それは子ども家庭福祉サービスにおいても例外ではありません。

1997年6月「児童福祉法」の改定によって，生活保護的な福祉サービスから，すべての子育て家庭を対象としたものに変化しています。そして，その内容も「子どもの発達をどのようにサポートするか」ということだけではなく，「母親の育児や，それにともなう悩みのサポート」等，子育てに対する社会的支援のためのサービスが積極的に勧められるようになりました。それと同時に，「保育サービス」を受ける人の受けやすいサービス内容の整備が必要になってきました。

5．高齢者介護と家庭福祉

1）高齢化の状況と介護問題

2004年，日本人の女性の平均寿命は85.59歳，男性は78.64歳となりました。止まらない少子化傾向が高齢化に拍車をかけて，2015年にはベビーブーマーとよばれる団塊の世代が高齢期に入って高齢化率は25％を超え，さらに，2025年には高齢者人口はピークに達し3500万人（29.5％）になると推計されています。

① 家族機能の変化と高齢者介護

欧米に比べて同居率の高い日本では，長い間，高齢者の介護は家族の責任とされ，主としてその家の女性つまり，妻や嫁，娘といった人たちの役割とされてきました。しかし，戦後の経済発展の中で，核家族化が進んで家族の機能が変化・縮小し，また，女性の就業率も高くなり，従来家庭で担っていた多くの

機能が外部化されました。長寿化で高齢者が増える一方，核家族化で弱まる家庭介護力，扶養観の変化，社会的入院の増加など，次第に高齢者介護が社会問題となりました。高齢者施設や在宅福祉サービス，地域のボランティア活動による支え合いなどが徐々に増えていきましたが問題は深刻化します。そこで，国は1989年「高齢者保健福祉推進10ヵ年戦略（ゴールドプラン）」を策定し，目標数値を定めて介護サービスの基盤整備に着手しました。1994年にはゴールドプランを全面的に見直した新ゴールドプラン，1999年には介護保険導入を視野に入れたゴールドプラン21を策定し，さらに仕事と介護とを両立できる環境整備も必要との考えから介護休業制度[1]が法制化されました。

② 介護保険制度の導入

その間にも高齢化は進展し，後期高齢者の増加で寝たきりや認知症高齢者の急増が見込まれ，介護の問題は国民全体の問題と認識されるようになりました。その結果，介護の社会化を目指して2000年に介護保険制度が始まりました。介護保険制度は，国民の40歳以上が保険料を納めて被保険者となり，介護サービスを利用する制度です。原則として介護が必要な状況になった65歳以上が，自治体へ申請して介護認定審査を受け，その介護度に応じて介護給付の支給限度額が決まります。介護保険のサービスは，大きく居宅サービスと施設サービスに別れていて，どのサービスをどのくらい利用するか，ケアマネジャーと利用計画（ケアプラン）を作成します（図表1－7）。利用者の費用負担は原則として介護給付の一割です（低所得者には保険料・利用料ともに減免措置があります。利用者負担の公平性や介護保険と年金の調整の観点から施設給付費が見直され，2005年10月から施設利用者の居住費と食費が全額自己負担となりました）。

介護保険制度実施以前からサービスを利用している人の評価としては，「家族の介護負担が軽くなった」「気兼ねなく利用できる」「自分に合ったサービスを利用できる」という声も上がっています[2]。しかし，家庭での介護の問題が全て解決したわけではありません。では，全国で介護が必要な高齢者はどのく

図表1－7　介護保険で利用できるサービス

	居宅	地域密着型	マネジメント	施設
サービス名	訪問介護（ホームヘルプ）	夜間対応型訪問介護	（居宅）介護支援※	介護老人福祉施設
	訪問入浴介護	認知症対応型通所介護		介護老人保健施設
	訪問看護	小規模多機能型居宅介護		介護療養型医療施設
	訪問リハビリテーション	認知症対応型共同生活施設（グループホーム）		
	居宅療養管理指導	地域密着型特定施設入居者生活介護		
	通所介護（デイサービス）	地域密着型介護老人福祉施設入所者生活介護		
	通所リハビリテーション（デイケア）			
	短期入所生活介護（ショートステイ）			
	短期入所療養介護（ショートステイ）			
	特定施設入居者生活介護			
	福祉用具貸与			
	特定福祉用具販売			
	住宅改修			

※利用者の費用負担はなし

出典）藤井賢一郎監修『介護保険制度とは…』東京都社会福祉協議会，2005年，p.13より抜粋

らいいるのでしょうか。2004年4月までの要介護認定者数は387万人です。そのうち介護サービスを利用している人は307万人です。

③ 家庭介護の現状

　ここで，家庭介護の状況を概観してみましょう。国民生活基礎調査（2001年）によれば要介護高齢者の同居家族で主に介護をしている人は配偶者が一番多く，25.9％となっています。また，男女別でみると，その76.4％が女性で，半数が60歳以上です。① 70代の介護は主として70代が行い（39.8％），それは配偶者が最も多い（16.5％），② 80代の要介護者は主として50代が介護をし（42.6％），それは子の配偶者が最も多い（17.7％），③ 80代以上の介護者に70代以上が2割を超えて存在する，ことが明らかになりました。①や③のように

図表1－8　主な介護者が日常生活で困ったり，悩んだりしたこと（複数回答）

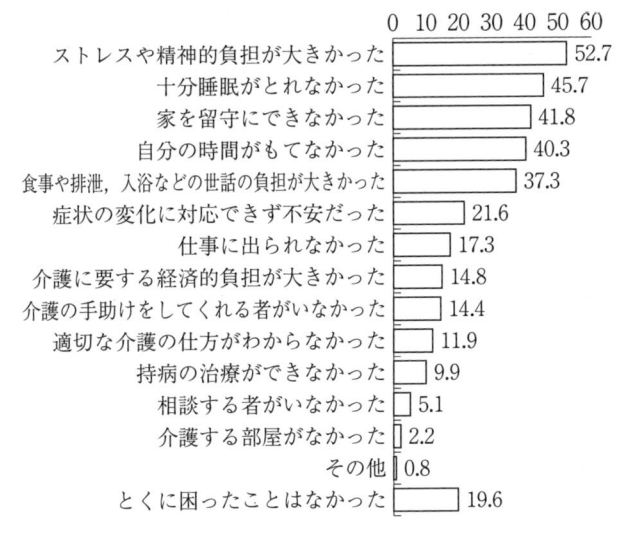

項目	%
ストレスや精神的負担が大きかった	52.7
十分睡眠がとれなかった	45.7
家を留守にできなかった	41.8
自分の時間がもてなかった	40.3
食事や排泄，入浴などの世話の負担が大きかった	37.3
症状の変化に対応できず不安だった	21.6
仕事に出られなかった	17.3
介護に要する経済的負担が大きかった	14.8
介護の手助けをしてくれる者がいなかった	14.4
適切な介護の仕方がわからなかった	11.9
持病の治療ができなかった	9.9
相談する者がいなかった	5.1
介護する部屋がなかった	2.2
その他	0.8
とくに困ったことはなかった	19.6

資料：厚生労働省「人口動態統計社会経済面調査報告，高齢者死亡」平成9年3月
出典）三浦文夫編『図説高齢者白書2004年度版』全国社会福祉協議会，2004年，p.51

　高齢者が高齢者を介護するといった老老介護の問題や，最近では晩婚化が進み子育てと介護が同時進行の状況もみられるようになってきました。介護という理由では保育所の入所も考慮されず親子とも追いつめられていったり，受験生がいるのに勉強に集中する環境が作れない等の問題も上がっています。

　次に，主な介護者が「日常生活で困ったり，悩んだりしたことは何か」をみてみましょう（図表1－8）。一番多かったのは，「ストレスや精神的負担が大きかった」で半数以上の人があげています。続いて，「十分睡眠がとれなかった」「家を留守にできなかった」「自分の時間がもてなかった」といった介護によって心身共に強い拘束を受けたことがあげられています。また，「食事や排泄，入浴などの世話の負担が大きかった」「状況の変化に対応できず不安だった」「適切な介護の仕方がわからなかった」などの，介護の知識や技術にも関

連する内容があがっています。認知症や身体機能が著しく低下した高齢者を家庭内で家族が介護することは心身ともに重圧であることがわかります。

④ 高齢者虐待の現状

さらに，第12回社会保障審議会介護部会資料に用いられた「家庭内における高齢者虐待に関する調査」の機関調査[3]結果を紹介しましょう。家庭内で虐待を受けている高齢者は75歳以上の後期高齢者が8割を超えます。主な虐待者と高齢者との続柄は，息子が32.1％でもっとも多く，次いで息子の配偶者（嫁）20.6％，配偶者20.3％（夫11.8％，妻8.5％），娘16.3％でした。居住形態は，約9割が同居しています。虐待の内容は「心理的虐待[4]（63.6%）」，「介護・世話の放棄・放任[5]（52.4%）」，また「経済的虐待」として，「本人の合意なしに財産や金銭を使用し，本人の希望する金銭の使用を理由なく制限すること」も22.4％ありました。これらの虐待が複合的に行われている場合もあります。虐待発生の要因として影響があったと思われること（複数回答）は高い順に，「虐待者の性格や人格（50.1％）」，「高齢者本人と虐待者の人間関係（48.0%）」，「高齢者本人の性格や人格（38.5%）」でした。家族による介護は，それまでの夫婦間・家族間関係のあり方が大きく影響すると考えられます。さらに，「虐待者の介護疲れ（37.2%）」，「高齢者本人の痴呆による言動の混乱（37.0%）」，「高齢者本人の身体的自立度の低さ（30.4%）」，「高齢者本人の排泄介助の困難さ（25.4%）」など，高齢者の特性に合わせた介護の知識や技術の乏しさからくる項目があげられています。また，介護に関しては「介護協力者はいなかった」つまり，ひとりで介護を行っていた虐待者が5割以上いました。介護保険のサービスを利用していたとはいえ，自分ひとりで介護を担い，心身共に追いつめられているところへ「配偶者や家族・親族の無関心（25.1%）」が重なったとき介護者の虚脱感や落胆は増幅されるのではないでしょうか。

認知症や寝たきり高齢者の介護は専門的な知識と技術を必要としますが，日本の社会は従来それを素人の家族に頼ってきました。その結果，毎日のようにマスコミにとりあげられる介護者による虐待や心中事件など，悲惨な状況を引

き起こす要因のひとつになったともいえるでしょう。2005年の国会では高齢者虐待防止法案の検討がなされています[6]。

⑤ これからの高齢者介護

2003年の国民生活基礎調査では，65歳以上の者のいる世帯は1,727万世帯を越え全世帯の37.7％を占めました。世帯構造別の年次推移をみてみると「単独世帯（19.7％）」・「夫婦のみの世帯（28.1％）」が増加傾向にあり，子との同居率は年々低下していることがわかります。これからの高齢世帯は総数が増え，なかでも単独世帯の増加がいちじるしいことが推計されています。

高齢者自身の意識はどうでしょうか。2001年に内閣府が行った調査によれば，「現在の住宅にそのまま住み続けたい（36.3％）」・「現在の住宅を改造しながら住みやすくする（21.4％）」を合わせると約6割の高齢者が介護を必要としたときでも，現在の自宅での生活を継続したいと考えていました。「子供等の家で世話をしてもらう」は5.8％にすぎません。高齢者自身が同居を望まず，同居率は今後更に低下することが予想されます。長年住み慣れた家での生活を続けるためには，家族だけに頼るのではなく，地域社会の支援を得ることも必要です。

三世代世帯でも日中家にいるのは高齢者のみという家庭内独居の状況がみられる中で，別居という形でも，同一家屋や同一敷地内，近隣地域，同一市区町村といった同居に準じた形や隣居・近居の割合が増加してきています。世代間のライフスタイルや価値観の違いに配慮してお互いの生活を尊重する傾向といえるでしょう。これらの居住形態は同居による息苦しさや親子関係がうまくいかなくなることを避けながらも，何かあった時には気遣い，助けあう新しい家族の住まい方ともいえるのではないでしょうか。

経済のグローバル化によって増える海外勤務，転勤や都会の住宅問題など社会の状況によって作られる問題もあります。高齢者と離れて住む家族のために携帯電話の充電をすると自動的に登録した所に発信する機能が付いていたり，お茶を飲もうとポットを使うと使用したことが通知される機能が開発されるな

どの試みも始まっています。

　以上のように高齢者介護にはさまざまな問題がありますが，介護が必要な高齢者も介護者もかけがえのない，大切な家族の一員です。これまでのような家庭介護の社会的支援にとどまらず，本人や家族の希望をかなえる自立支援のシステム作りを進める，本当の意味での介護の社会化が必要です。高齢者の尊厳を守る新しい高齢者介護と家庭福祉のありかたが求められています。

　⑥「家庭内独居老人」と高齢者の閉じこもり

　家族と同じ家に暮らしているのに行動はひとりぼっちの高齢者をいいます。熊本県の熊本日々新聞に「家族と一緒に生活しているのに老人部屋に閉じこもりで，食事もひとりきりで淋しく食べる」という記事が掲載されていました。食事だけでなく会話もなされないであろうことは想像に難くないことです。このような「家庭内独居老人」の他に，外部の人とほとんど接触しなくなるという高齢者の閉じこもりは年々増加している傾向にあります。

　⑦　地域の力

　2002年には約3割の家庭が単身世帯になりました。家族と同居する高齢者も家庭内で孤立していること，また高齢者の近所づきあいも希薄化していることが，内閣府のまとめた「高齢者の地域社会への参加に関する意識・2003年」でわかります。高齢者の生活や心の安定を保つにはどうしたらいいのでしょうか。家庭での福祉以外に今，地域で多くの試みがなされています。

　たとえば，皆さんの地域では「火の用心」という住民の巡回が行われていませんか。また，多くの人びとが地域で自立して生きることを願っている現代は，地域での高齢者の住宅整備にも力を入れています。老後を家族に頼らずに暮す，たとえば北九州の「シニアハウス金毘羅」のような「高齢者向け有料賃貸住宅」，仲間と老後を暮す奈良県斑鳩町にある「コミュニティハウス法隆寺」のようなコーポラティブハウスなどもあります。

　老後は家族と暮したいという後期高齢者は多いのですが，前期高齢者や団塊の世代のシニアなどはまた違う希望をもっているようです。しかし，入所施設

や通所センターや逆デイサービスや高齢者向け住宅なども「家庭的」「家庭の雰囲気」「家庭の味」を求めていることは確かなのではないでしょうか。

2）認知症高齢者と帰宅願望

　日本の人口の高齢化が進み，高齢者が増加するに伴い，認知症高齢者も増えていくことが予想されます。そして，このことは認知症高齢者への介護がさらに重要性を増すことを意味しています。つまり，認知症高齢者を理解したうえで介護を行うのか，それとも無理解のまま介護を行うかによって，明らかにまったく違う結果をもたらすことが考えられるからです。認知症介護への理解が乏しいほど陥りやすいといえるでしょう。そのようにならないためにも，認知症の高齢者を十分に理解し，関わり方を学ぶことがとても大切になります。

　認知症の高齢者に多くみられる行動のひとつに「帰宅願望」があります。何十年と暮らした家においても，突然「私，帰ります！」といわれると，最近様子が変わったと感じてはいても，思わず「え，何処へ？」と，介護者自身も戸惑ってしまうのではないでしょうか。

　認知症が進むと，代表的な症状として見当識障害が起こります。見当識障害とは「自分がいる場所と時間と，そして自分と人との関係を正しく認識する」能力が阻害されることをいいます。そのため，今居る場所も，そばに居る人が誰なのかもわからなくなり，長年連れ添った夫婦の間でさえも「どなた様ですか？」というようなことになるのです。

　介護者からすれば落ち着いてこの場所に居てほしいために，ここに居させようとする意思が働くことになります。すると，外へ出ようとする認知症高齢者と，出すまいとする介護者との間にミスマッチが生じることになります。そのことが，介護者側からすれば認知症高齢者の行動は困った行動であり，すなわち「問題行動」になってしまうわけです。逆に認知症高齢者からみれば，介護者は自分の行動を阻もうとする好からぬ人になってしまうわけですから，早くこの場から立ち去らないと閉じ込められてしまうのではないかとの不安が強くなります。また，そのことがさらに行動や言動を荒くさせることにもなるので

す。このようにして起こる介護困難な状況は，大半が認知症高齢者への無理解から起きると考えられます。

注)
1) 2002年度の常用労働者に占める介護休業取得者の割合は0.05％『平成17年版　厚生労働白書』
2) 『平成16年版　介護白書〜5年目を迎えた介護保険制度〜』p.59
3) 医療経済研究・社会保険福祉協会　医療経済研究機構が2003〜2004年にかけて実施。調査対象は，全国の在宅介護サービス事業所等の関係機関（在宅介護支援センター，居宅介護事業所，訪問介護事業所，訪問看護ステーション，通所介護事業所，病院，介護老人保健施設，保健所，保健センター）16,802ヵ所。有効回収率39.9％。うち居宅介護支援事業所・在宅介護支援センター（地域型・基幹型）の担当ケアマネジャーの回答をまとめたもの。
4) 脅しや侮蔑などの言語による威圧的な態度，無視，嫌がらせ等によって精神的情緒的に苦痛を与えること。
5) 意図的であるか結果的であるかを問わず，介護や生活の世話を行っている家族が，その提供を放棄または放任し，高齢者の生活環境や，高齢者自身の身体・精神的状態を悪化させていること。
6) 2005年11月1日成立，2006年4月1日施行

参考文献
・藤井賢一郎監修『介護保険制度とは…』東京都社会福祉協議会，2005年
・厚生労働省編『平成17年版　厚生労働白書』ぎょうせい，2005年
・内閣府『暮らしと社会シリーズ　平成17年版　高齢社会白書』ぎょうせい，2005年
・全国老人保健施設協会編『平成16年版　介護白書〜5年目を迎えた介護保険制度〜』ぎょうせい
・三浦文夫編『2004年版　図説高齢者白書』全国社会福祉協議会，2004年
・『介護保険情報』社会保障研究所，2004年10月
・厚生労働省大臣官房統計情報部編『国民生活基礎調査　平成15年』厚生統計協会，2004年
・厚生労働省大臣官房統計情報部編『グラフで見る世帯の状況　国民生活基礎調査（平成13年）の結果から』厚生統計協会，2003年
・中井紀代子『家族福祉の課題　高齢者介護と育児の社会化』筒井書房，2000年

・厚生省編『厚生白書　平成12年版』ぎょうせい，2000年

6．障害者と家庭福祉

1）障害者と家庭福祉の視点

① 当事者主体

「障害者と家庭福祉」というと今までは，障害者当事者ではなく障害者を抱える家庭の側の問題が主でした。1960年代以降の入所施設づくりや精神病院増設，1990年のホームヘルプサービスなどの在宅サービスの法定化などの福祉施策は，いずれも当事者よりも家庭の負担軽減に重点が置かれていました。しかし，1981年の国際障害者年以降個人の意思の尊重，自立と社会参加の考えを掲げるようになり，当事者主体の家庭支援へと視点が変わってきました[1]。2003年導入の支援費制度はまさにこの当事者のニーズに基づいたサービスを目指しています。権利擁護の観点からは，施設入所や年金の使い方について，当事者と家族の利益が反する場合，当事者の利益を守ることが基本となっています。その一方で家族の福祉が大切なのはいうまでもないことです。

② 国民の意識

2004年に改正の障害者基本法には障害者の自立と社会参加を促進することは，「国および地方自治体」，「国民」の責務であると明記されています。一方，「障害者」と「障害者の家庭」の努力は削除されました。努力するのは，社会の側であることを明確にしました。国民の責務として最も重要なのは意識です。父親が職場で子どもの障害を隠していたり，精神障害のある人が入院の必要がないのに長期間入院しているのはなぜでしょう。障害のある人がいる家庭は「特別なとてもかわいそうな家庭」ではなく，「よくある家庭のひとつ」として存在できるように私たちの意識を変えることができれば，障害のある人と家庭の生活のしにくい状況は今よりずっと減るでしょう。

2）多様な障害者と家庭の課題

障害の発症は，出生時・乳幼児期，学齢期，青年期，壮年期，高齢期のどの時期にもあります。その時期によって課題は違います。

障害の種類と程度による違いがあります。身体障害，知的障害，精神障害，難病，知的障害以外の発達障害があります。程度も常時介護が必要な重度の人から少しの配慮でよい軽度の人までいます。障害の程度と課題が比例しているとは限りません。例えば，軽度発達障害は障害がわかりにくく，本人・家族の障害の受容と周囲の理解を難しくし，人間関係で傷つき，引きこもる場合があります。障害は軽そうでも抱える課題は深刻です。

一方で立場の違いもあります。① 障害の発症が出生時から学齢期までは親の立場の支援が重要となります。また，② 障害当事者としての立場があります。本人の意思が尊重され，それぞれの時期の自立と社会参加，即ち，生活の質が保障されていることが重要です。③ 配偶者がけがや病気により障害をもった場合の夫や妻という配偶者の立場があります。配偶者に対する精神面の支えと日常生活上のケアだけでなく，家庭生活継続に関わる家事・育児，職業・経済の問題に直面します。④ 障害がある親のもとに育つ子どもの立場があります。育児上の支援，子どもの心理面への配慮が必要です。⑤ 障害のある人のきょうだいの立場があります。親が障害のある子の世話に追われていることに耐え，いい子になったり，逆に自己主張するきょうだいにもケアが必要です。

以上のように支援を必要とする場合はさまざまです。その一部についてもう少し考えていきます。

3）子どもに障害がある親の場合

出産直後や1歳半・3歳児検診時に，または，発達の遅れに不安を抱き医療・療育機関を訪ねたときに，障害や発達の遅れを告げられ，親は大きなショックを受けます。告知の仕方，その後のフォローのあり方には充分な配慮が必要です[2]。障害の認知と親の心理として次の5段階を経過するといわれます[3]。① 不安と

否定の時期，② 抑鬱感・焦燥感・罪悪感を強く抱く時期，③ 現実の検討の時期，④ 障害の受容に向かう時期，⑤ 家族の再構築の時期，です。

　何よりも，夫婦が共に支えあうことが基本で，配偶者が相談者になっていることが多いのです[4]。しかし，夫婦間や周囲の人とも相談できず，障害のある子どもがいることで孤立感を深め，溝を深めている場合もあります。また，児童虐待の対象になる理由には発達の遅れや育てにくさがあります[4],[5]。子どもの発達を保障するために，また親が孤立しないためには頼りになる相談・援助機関，親の会，通所先の存在は重要です[2]。

4) 保育機関の役割

　① 保育所などで子どもの障害をみつけることはめずらしくありません。その場合，親の気持ちを配慮した伝え方が求められます。

　② 障害のある子どもが適切な保育を受け，子どもにとって居心地のよい場所になるよう努めることは，子どもの発達と親子の情緒の安定に欠かせないことです。

　③ 障害の知識に基づいた具体的な助言が得られる育児相談の場として期待されます。

　④ 親たちが最も頼りにしている親同士の支え合いの場となります[2]。

　⑤ 他の子ども・親への啓蒙，差別をなくすための重要な場となります。

　⑥「障害のある親」の子どもが保育所を利用する場合には，親の育児支援の場であり，子どもの発達保障の場でもあります。

　その他前述したさまざまな立場の家庭が保育機関を利用しており，日常的に家庭を支援する重要な役割があります。

5) 地域生活支援

　障害のある人に優しい街があり，多様な社会資源が充実していれば，家庭が障害のある人を抱え込んだり，力つきて入所施設を利用することがなくなります。例えば，相談，子育て支援，放課後や長期休暇の支援，働く場，生活の場，在宅サービス（ホームヘルプサービス，ガイドヘルプ，ショートステイ，デイ

サービス),余暇活動,緊急時の対応,ケアマネジメント等です。

さらに,新しい地域資源の創設と従来の相談・支援機関,保育所や入所施設の機能の拡大が期待されます。

注)
1) 中野敏子・田澤あけみ編著『利用者主体の家族援助 ― 障害児と家族の暮らしを考える』大揚社,1995年
2) 高倉誠一・山田純子「家族支援に関する調査報告書～千葉市在住の発達に遅れのある子どものいる家族を対象に～」平成12~13年度千葉市地域研究事業
3) 永井洋子「自閉症など発達障害における家族ケア(1)」『愛護』501,1998年,pp.68－75
4) ぽれぽれくらぶ『今どきしょうがい児の母親物語』ぶどう社,1995年,pp.38－43
5) 東京都福祉局『児童虐待の実態』(白書) 2001年,pp.13－18
6) 早樫一男・団士郎・岡田隆介編『知的発達障害の家族援助』金剛出版,2002年,pp.172－204

第2章　家庭福祉の変遷

1．家族形態の変化

　少子高齢化が進んだわが国では，家族構成はどのように変化してきたのでしょうか。日本で全国民を対象として5年に一度行われている「国勢調査」から見ることにしましょう。この国勢調査では，一般世帯（住居と生計を共にしている人・一戸を構えて住んでいる単身者）と施設などの世帯（間借り・下宿・会社等の独身寮の単身者・その他の施設）と区別しています。2000（平成12）年の調査では98.5％が一般世帯，1.5％が施設などの世帯で大部分が家族の誰かと暮らしていることになります。

1）世帯規模の縮小

　世帯数は4,953万世帯で，1世帯あたりの平均人数は2.58人となっています（平成17年調査速報）。世帯数は増加している一方で平均世帯人員は国勢調査（全国民に対象5年に一度実施される人口統計調査（10/1））のたびに減少しています。第1回目の調査の1920（大正9）年から1955（昭和30）年までの35年間は多少の増減はあったにしてもほぼ5人で推移してきましたが，1960（昭和35）年からは急速に縮小してきました。70年代に入ると4人を割り3人台になりました。その後の90年にはほぼ3人となりさらに2000年には2.67人と右下がりの状態が続いています（図表2－1）。昭和30年頃までは戦前，戦後の混乱や憲法改正に伴って家族制度の大改革があったにもかかわらず少なくとも数の変化はほとんどなかったことがわかります。しかし高度経済成長とともに世帯数が増え，家族の人員が減ってきたのは，子どもの数の減少，若者や高齢者の単独世帯の増加の反映によるものです。欧米先進国でも，20世紀の初めまでは5人前後でした。それがイギリスやドイツなどでは20世紀の後半には3人をきり，スウェーデンなどのスカンジナビアの国々はすでに2.5人を下回っていました。日本に限らず先進諸国を中心として世界的に世帯規模の縮小がみられるわけです。

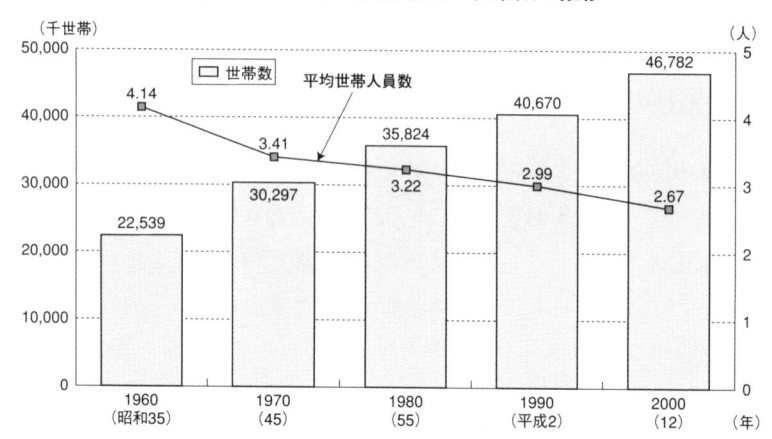

図表2－1　平均世帯規模と世帯数の推移

（千世帯）
年	世帯数	平均世帯人員数
1960（昭和35）	22,539	4.14
1970（45）	30,297	3.41
1980（55）	35,824	3.22
1990（平成2）	40,670	2.99
2000（12）	46,782	2.67

資料：総務省統計局「国勢調査」
出典）『平成16年版　少子化社会白書』p.67

2）子どものいる世帯の減少

　誰と同居しているのかという家族類型別では，子ども（年齢不問）が含まれている世帯は2000年で49.6％，80年で63.8％と20年間で－14.2ポイントと確実に減ってきています。このなかでも18歳未満の子どものいる世帯は核家族世帯がこの25年間，ほぼ横ばいの約7割で推移しています。しかし，2000年には74.5％と上昇しており，3世帯同居世帯が核家族世帯とは対照的に減少して，23.1％となっています。祖父母と同居している子どもたちが減ってきているのがわかります。「片親と子ども」の中では，「女親と子ども」が「男親と子ども」よりは多くなっています。いずれも調査ごとに増えており，特に「女親と子ども」の伸び率は75年からの25年間で実に2倍に増えています。これにはさまざまな理由が考えられますが，最近の離婚率の上昇などを考えても離婚による片親の家庭が反映されているものと思われます。

3）単独世帯・夫婦のみの世帯の増加

　一般世帯の中で単独世帯の占める割合は，75年の19.5％から2000年には

27.6％に増加し,実に全世帯の4分の1以上が単独世帯となっています。核家族世帯の「夫婦のみの世帯」も同様に増加率が高くなっています。これらのことによって世帯の細分化,世帯数の増加を促していることがわかります。また65歳以上を含む高齢者世帯についても親族世帯,つまり家族の誰かと暮らしている世帯が全体の8割を占めてはいますが,やはりお年寄りひとりで暮らしている単独世帯が調査ごとに増加しています。同様にお年寄りの「夫婦のみの世帯」も増加しており,若い世代では子どもを持たない夫婦,お年寄り世代では子どもに頼らない夫婦のライフスタイルがみえてきます(図表2－2)。

　直系家族制度の戦前の日本ではいわゆる祖父母と孫が同居する三世代同居が多数を占めていました。その後の家族制度の改正で夫婦家族制度になり,高度経済成長の時期には「夫婦と子ども2人」の世帯が標準的な世帯として受け入れられてきました。

　以上みてきたように「超高齢社会」に突入した現在,「標準世帯」とは何かということを見直す時期にきているのではないでしょうか。

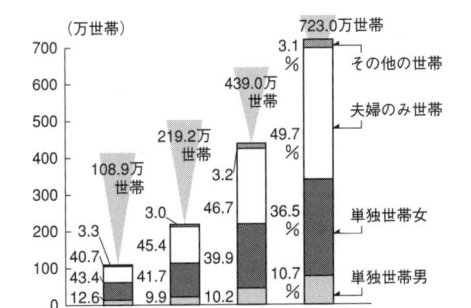

図表2－2　世帯構造別にみた高齢者世帯

(注)　高齢者世帯は,65歳以上の者のみで構成するか,またはこれらに18歳未満の者が加わった世帯。
資料：厚生労働省「国民生活基礎調査」より作成
出典：井上輝子・江原由美子編『女性のデータブック(第4版)』有斐閣,2005年,p.7

国立社会保障・人口問題研究所の「日本の世帯数の将来推計」(2003 (平成15)年10月推計)によると2025年には単独世帯は34.6％と増加し全世帯の3分の1,「夫婦と子」の世帯は24.2％で4分の1,「夫婦のみの世帯」は20.7％で5分の1となり,やはり子どもを含む世帯の減少がみられますが,「ひとり親と子」の世帯は増加する予想になっています。ひとり暮らしが多くなり,子どもの数も減っていく社会では今までの「標準世帯」とは違った多様な世帯類型を視野に入れ各種の政策,また個人の生活設計を考える必要があります。

2．少子高齢化の原因と背景

少子高齢化の現状をみてきましたが,ではなぜこのような出生率の低下がおきているのでしょうか。少子化の直接の原因としては未婚率の上昇・晩婚化の進展・夫婦の出生力の低下などがあげられています。またその背景としては,結婚・出産に対する価値観の変化,女性の高学歴化による就業率の上昇,仕事と育児の両立のための環境整備の遅れ,などさまざまな要因が考えられます。

1) 結婚・出生の変化

① 晩婚化・未婚化の進展

出生率が1.29になったというと,「一家庭には子どもが2人はいなくて,1人しかいない家庭が多くなってきているのか」と思いがちですが,実際は結婚した夫婦から生まれた子どもの数は1970年代からほぼ2.2人前後を保っています。これは,合計特殊出生率は15歳から49歳までの女性全員についての出生傾向を計算したもので,未婚女性が含まれているためです。また日本では非嫡出子の割合は非常に低く最近でこそ1.6％と少し上がりましたが,戦後以来1％台で推移しています。非嫡出子の割合が半数をしめるスウェーデンやデンマークとは異なり,わが国では子どもは男女が結婚（法律婚）してから生まれるのが大半であることがわかります。これらのことから,結婚していない未婚の女性が多くなればなるほど,出生率の数値は低くなるというわけです。つまり未婚率が大きく関わっているのがわかります。

国勢調査によれば，20歳〜34歳の未婚率は1950年から75年までは男性が約50％，女性が約30％とほぼ横ばいで推移してきたが80年からは男女とも上昇しており，特に女性は2000年は55.5％と50年の27.9％からほぼ2倍になっています。年齢別未婚率をみると特に30代前半の未婚率がこの20年間，男性でも2倍，女性では実に3倍もの上昇になっています。これと同時に生涯未婚率（50歳時点で結婚していない人の割合）をみても1920年の大正時代から1960年代の高度経済成長期までは男女とも98％近くは結婚していましたが現在は大きく異なり，特に男性の生涯未婚率が高くなってきています。全体の約1割の人が結婚というライフスタイルを選んでないという現状がみえてきます（図表2−3）。また平均初婚年齢も2003年で，夫が29.4歳，妻が27.6歳となっており，第1子の平均出生時年齢も28.6歳と，いずれもこの30年間に結婚年齢も2〜3歳，第1子の出生のタイミングも子どもひとり分程度遅れてきていることがわかります。結婚しない人の増加，晩婚化，晩産化の現実がみえてきます。

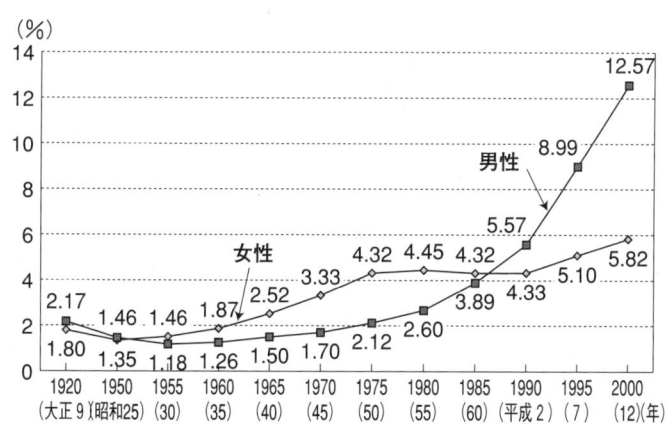

図表2−3　生涯未婚率の推移

資料：国立社会保障・人口問題研究所「人口統計資料集」
　注：総務省統計局「国勢調査」より算出。生涯未婚率は，45〜49歳と50〜54歳
　　　未婚率の平均値であり，50歳時の未婚率を示す。
出典）『平成16年版　少子化社会白書』p.19

年齢が高くなっても必ず結婚するという「国民皆婚社会」の神話がもはやこのような数値をみただけでも少しずつ崩れてきているといえます。では，なぜこのような変化が起きているのでしょうか。

② 結婚・出産に対する価値観の変化

「マイホーム」という言葉に何を感じるでしょうか。現在50代，60代の人，つまり30年くらい前に結婚してひとつの家庭を築いた世代と今の20代のこれから家庭を築く人たちと「家庭」に対するイメージが違ってきています。「出生動向基本調査」の中で未婚者に対して，結婚の意志についての質問では，「理想の相手が見つかるまでは結婚しなくてもかまわない」とする人がここ15年間に増加し，2002年は55.2％と半数以上の人が理想的な相手が見つかるまでは結婚を先延ばしにするという，いわゆる「結婚適齢期」という言葉で表されてきた日本の社会規範意識が薄らいできたのがわかります。自分の結婚したい時がまさに「結婚適齢期」なのです。これは結婚に対する意識が「家」から「個人」へ移ってきた表われといえるでしょう。

同様に「結婚・独身の利点」についての質問では，時代にかかわらずこの15年間60〜70％の人は結婚することの利点はあるとしています。男女とも「結婚は精神的安らぎが得られ，子どもや家族を持つことができる」としており，これは次節の家族の機能に示されているように，家族に情緒的機能や生殖機能を一番に求めていることがわかります。それに対して，「社会的信用や対等な関係が得られる・親や周囲の期待に応えられる」というような実利面や社会的規範での利点を感じている人は減ってきています。また独身の利点としては，時代をこえて男女ともに圧倒的に高い割合で「行動や生き方が自由」を挙げています。また「結婚しなくても，豊かで満足のいく生活ができるか」に対しては「肯定」3割，「否定」2割，「どちらともいえない」5割となっており，「結婚」が豊かな生活のキーポイントには，けっしてなっていないことがうかがえます。以前のような「家」を重視する時代では，結婚は必然的と捉えられていましたが，「個」の重視される現代では，人生の選択肢のひとつとして捉えられてい

ることがわかります。

次に，子どもをもつことに対してはどうでしょうか。初婚夫婦を対象とした調査によると，「結婚したら子どもを持つべきか」の質問に対してもつべきとする人は2002年でも7割はいますが，この10年間で10ポイント以上減ってきています。逆にそうではないとする人が2倍以上に増加しています。また子どもを持つ理由についてはどの年代でも「子どもがいると生活が楽しく豊かになる」が高くなっており，これに対して「子どもは老後の支え」・「夫や親など周囲が望む」という実用的・外的理由は低くなっています。子どもが「家」や「国」にとって「宝」であった時代では，家業を助ける労働力であり，国の発展の為に必要な力だったわけです。しかし，明らかに現代では子どもは愛情を注ぐ対象としての役割が強くなってきており，精神的充足の対象になっているのです。したがって精神的充足が他で得られるのであれば，子どもを無理にもつ必要がなくなってくるわけですし，また逆に子どもをもつことによって精神的充足が得られないのであれば，むしろ子どもはもちたくないということにもなってくるわけです。

かつて描かれた「マイホーム」には必ず子どもの姿がみえていましたが，今の若者が描く「マイホーム」には夫婦ふたりの自由な生活はあるにしても，必ずしも子どもの存在があるとはかぎらないのではないでしょうか。

2）働く女性の増加

結婚をする・子どもをもつということでの変化がわかってきましたが，その背景としてまず挙げられるのは女性の就労による社会進出です。

① 女性の年齢階級別労働力率の変化

2004年の女性の労働力人口は2,737万人で労働力人口総数に占める女性の割合は41.2％，女性の労働力率（15歳人口に占める労働力人口の割合）は48.3％となっています。日本では女性の年齢階級別労働力率はいわゆるM字型を描くことはよく知られています（図表2－4）。これは結婚・出産・育児などによって離職し，40代になるとまた働くという女性特有の労働パターンを表してい

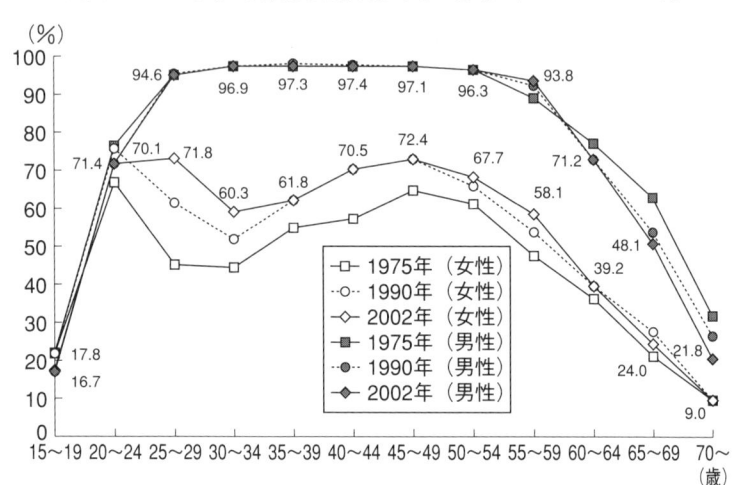

図表2－4　性，年齢階級別労働力率の推移（1975～2002年）

原出所　『労働力調査』
出所　内閣府『平成14年版男女共同参画白書』に2002年を追加
出典）『男女共同参画統計データブック』2003年，p.33

す。このM字型の谷間が押し上げられてきているのが，近年の女性労働の変化といえます。2002年では25～29歳（71.8％）と45～49歳（72.4％）を左右のピークとして30～34歳（60.3％）をボトムとして依然としてM字型カーブを描いています。このボトムは1975年では20代の後半と30代前半であったのが，その後90年には現在のように30代前半に移ってきています。また労働力率のピークも2002年には20代前半と後半が逆転し20代の後半に移ってきています。80年代以降，20代後半から30代の女性の労働力率は徐々に高くなっています。これは，1975年の国際婦人年以降の女性をめぐる社会の変化による職業意識の高まりや，労働環境の整備，サービス経済の発展などが反映されていると思われます。なお，女性の高学歴化が女性雇用労働者の増加の一因となっています。女性は家事・裁縫を身につけ早く結婚して子を産み家庭を守ることが良しとされた時代においては，大学等高等教育機関への進学率は低かったのですが，70

年代以降の社会の変化により、女性はもとより男性も高等教育機関への進学率が高くなってきています、特に女性の4年制大学の進学率の伸びがいちじるしく、大学院進学率は6.8％と過去最高になっています。国勢調査（2000年）によると25～29歳の女性の未婚率は高卒45.1％、短大・高専卒56.5％、大学・大学院卒69.3％と高学歴の女性ほど未婚率は高くなっています。このことは女性が男性と同等の権利を有しているということに一歩近づいたことにはなります。結婚や出産、子育てがしやすくなる社会的支援が望まれます。

3）経済的に不安定な若者の増加とパラサイトシングル

若年失業者やフリーター、パラサイトシングル、最近のニートと呼ばれる若者の増加が結婚や出生率に影響してきているのではないかと指摘されています。夫婦が理想の子どもをもてないことや、若者が結婚しないなどの理由として、子育て費用・結婚資金などの金銭的理由が考えられます、実際に結婚し子どもを持ち安定した生活を送るには一定以上の収入がなければなりません。しかし、1990年代以降の長期的な経済停滞の中で10代、20代の若者の失業率は他の年代よりも高くなってきています（図表2－5）。また高学歴であってもすぐに正規の仕事に就かずアルバイトで生活するフリーターを選ぶなどと経済的に不安定な若者が増加しているのが現状です。このような不安定な就労は特に男性のフリーターにおいて、将来の見通しや、経済的自立に関して自己のマイナス評価になっています。またいわゆるパラサイトシングルとよばれている25～39歳の未婚者の実態をみてみると、この10年間で男性が約1.4倍、女性が約1.8倍と増加しています。彼らは家事については親に依存する割合は高いが、フルタイムで働き、社会保険にも加入し、親の世帯の家計にも繰り入れる者も多く、収入や時間をすべて自分のために使うという生活はしていないという調査結果が出ています。一方的なパラサイトではないにしろ、生活費などの経済的メリットを受ける者は多く、家事の依存度は高いことなどを考えても、結婚して独立した生活をするという意欲は低くなってくると思われます。このような不安定な若者の増加は結婚・出生動向に少なくとも関わりがあるといえま

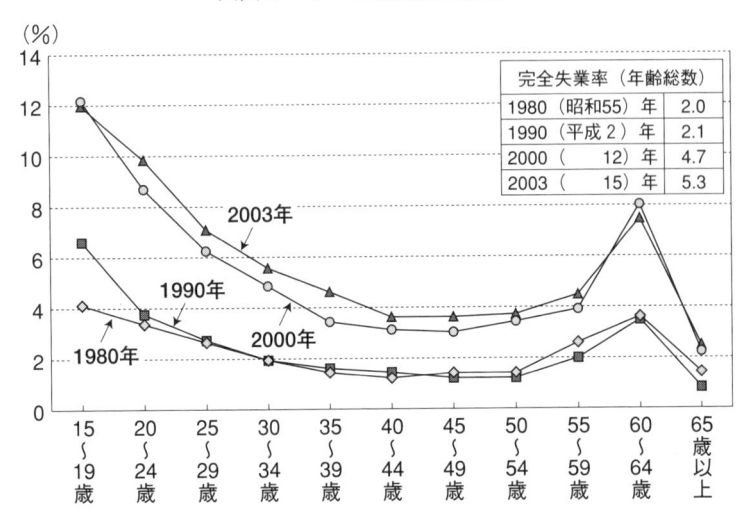

図表 2 − 5　年齢別完全失業率

完全失業率（年齢総数）	
1980（昭和55）年	2.0
1990（平成 2 ）年	2.1
2000（　12）年	4.7
2003（　15）年	5.3

資料：総務省統計局『労働力調査』
出典）『平成16年版　少子化社会白書』p. 47

す。

4 ）少子高齢化の社会的・経済的影響

　少子高齢化はさまざまな面に影響があることはいうまでもありませんが，身近には子どもの数の減少による家族関係の変化・お年寄りが増えることによる若者の社会保障費の負担・地域の活力の低下・ひいては社会全体の経済力の低下などの社会的・経済的な影響が考えられます。

　① 地域・家庭の変化

　少子化は児童・生徒の数の減少，それによる学校の統廃合などを招いています。また，高等教育機関である短大・大学などの経営悪化など数の減少は具体的に学生たちの生活環境を変化させてきています。1955年には 1 学級の児童数は43.8人だったのが2003年には26.5人と（学校基本調査）小・中・高のすべてにおいて 1 クラス10人以上は減少になっています。団塊の世代の子ども時代は

50人を超える人数のクラスも多かったことからすると大きな違いがあるといわざるをえません。また先にみてきたように，家族においても世帯規模の縮小，核家族化，出生数の減少は，きょうだいの数を減らすなど小家族化がもたらすさまざまな影響が出てきています。子どもの健全な発達には，家庭や学校，地域において子ども同士が切磋琢磨し社会性を育んでいく必要があると考えられています。しかし生まれてからも家庭内でのきょうだい間の葛藤や競争も少なく家庭外においてもぶつかり合うことの少なくなった状況では，コミュニケーションの不足や他者との人間関係がうまく築けず，ひきこもりや登校拒否など多くの問題を引き起こす要因のひとつとなっているといえます。また親と子の密接な関係からくる虐待の問題などさまざまな問題も出てきています。ボッサード（Bossard, J.H.）の「家族相互作用の法則」は「家族成員数の増加は算術級数であるが，人間関係の（通路＝チャンネル）数の増大は等差級数の和に等しい」として，人間関係通路数をX，家族員数をYとした場合 $X = \frac{Y(Y-1)}{2}$ であるとしています（図表2－6）。子どもがひとりの場合は通路3で，子ども2人の場合は通路6になり子どもがひとり増えただけで人間関係は実に倍になるわけです。いかに人の数，それ自体がコミュニケーションの数を増やすかがよくわかります。また少子化は子ども同士で触れ合う機会や赤ちゃんと接する機会の減少など親になってからの子育てに大きく影響すると考えられます。

子どもの数の減少は地域においても変化をもたらしています。町内会での「子ども会」活動は存続しづらくなり，お年寄りを中心にした活動が増えてき

図表2－6　家族構成員数とコミュニケーション通路数との関係

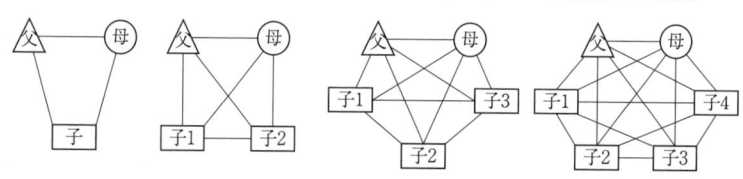

出典）湯沢雍彦『新版　新しい家族学』光生館, 1996年, p.140

ています。地域差はあるにしろ，お隣同士で子どもやお年寄りを見合うといった地域の連帯や若い人たちによる活力が減少してきているのが現状です。

5）少子高齢化社会への対策と課題

団塊ジュニア世代を含めた今後のすべての子育て世代が子どもを産んでよかったとするにはどうしたらいいのでしょうか。就業希望者と労働力人口を合計した人数がその年齢階級の人口に占める割合である「潜在的労働力率」をみると労働力率は70〜80％に上昇し，M字のボトムが押し上げられ緩やかな曲線になります（図表2－7）。就業希望率は30代が最も高く，特に30代前半のM字のボトムの女性の意識と現実の大きなギャップがうかがわれます。就業意欲が高いのにやめざるをえない現実がみえてきます。子育てと仕事の両立支援，専業主婦も含めた子育てや家事の負担の軽減が大きな課題といえます。さまざまな施策，試みが始まっています。

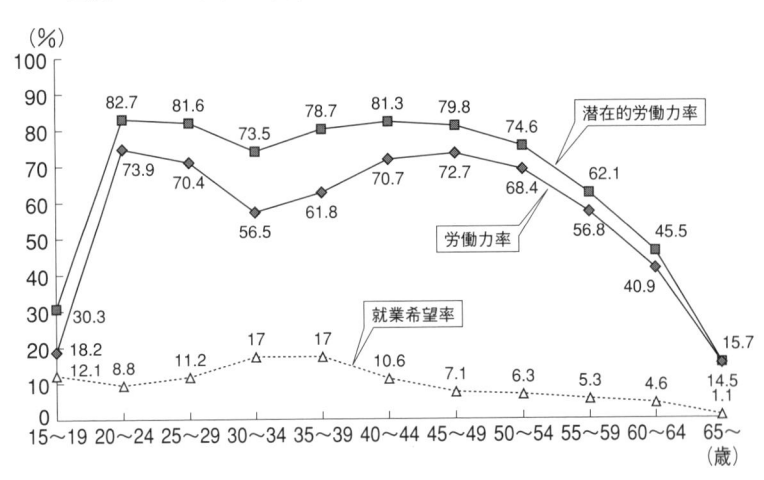

図表2－7　女性の年齢階級別潜在的労働力率の推移（2001年）

年齢階級	潜在的労働力率	労働力率	就業希望率
15〜19	30.3	18.2	12.1
20〜24	82.7	73.9	8.8
25〜29	81.6	70.4	11.2
30〜34	73.5	56.5	17
35〜39	78.7	61.8	17
40〜44	81.3	70.7	10.6
45〜49	79.8	72.7	7.1
50〜54	74.6	68.4	6.3
55〜59	62.1	56.8	5.3
60〜64	45.5	40.9	4.6
65〜	15.7	14.5	1.1

注　年齢階級別潜在的労働力率＝（労働力人口（年齢階級別）＋非労働力人口のうち就業希望者（年齢階級別））／15歳以上人口（年齢階級別）
原出所　総務省『労働力調査特別調査』2001年8月
出所　内閣府『平成14年版　男女共同参画白書』
出典）『男女共同参画統計データブック』2003年，p.34

1989年のいわゆる"1.57ショック"以来90年代に入り少子化が一般的に大きく注目されてくる中,国は少子化対策を重要な政策課題として取り組んできています。具体的には,1994年のエンゼルプランの策定から2004年の「少子化社会対策大綱」の策定にいたるまで10年以上の間対策を講じてきています。さらに,一段と進む少子化の中で"少子化の流れを変える"ためのもう一段の対策として2003年に「次世代育成支援に関する当面の取り組み方針」が出され,2005年4月には「次世代育成支援対策推進法(次世代法)」が施行されたことはひとつの流れの転換といえます。それまでのエンゼルプランを中心とする保育に関する施策からすべての子育てをする家庭や地域に視点を合わせ,とりわけ今までは施策の中に入ってこなかった父親,男性を視野に入れたところは注目すべき点です。この次世代法ではそれまでの「子育てと仕事の両立支援」に加えて①「男性を含めた働き方の見直し」②「地域における子育て支援」③「社会保障における次世代支援」④「子どもの社会性の向上や自立の促進」の4つの柱に沿って社会全体で取り組むことを明示しています。これは2005年4月から10年間に国や自治体,企業が行動計画を作って取り組むことを義務づけた時限立法で,企業の残業の削減や有給休暇の促進,育児休暇取得率の目標値を男性10％,女性80％にするなど,また地域での子育て支援サービスの推進,親となる次世代の中高生への教育・啓発など具体的に示されています。「少子化社会対策基本法」の制定,それを受けた「少子化社会対策大綱」の策定,その具体的実施計画としての「子ども・子育て応援プラン(新新エンゼルプラン)」の策定へと展開しており,制度として次世代の若者,男性の働き,地域との連帯など社会全体の取り組みがようやくスタートしたといえます。次世代法の全面実施により各企業でさまざまな取り組みがされてきていますが,大企業に偏っていたり,業種や職種によっても差があります。またリストラや成果主義の拡大により労働時間が増えるなど労働環境の厳しさが続いています。さらに,有給休暇の取得率も減少するなど,制度が整ってきたとはいえ現状は厳しくなっています。いまだ育休取得者がゼロの企業も約4割あるなど育休取得には多

くの壁があるといえます。制度と現実の乖離を再度見直す必要があるのではないでしょうか。2005年の内閣府の子どもを持つ母親への意識調査では子育て支援には今までのような子育ての環境整備より，保育料の軽減などの経済的支援が最も重要であるとされています。児童手当や税控除の見直し，育休中の所得保障は40％，年金保険料免除期間の2年延長，出産一時金も増額の方向になるなど経済的支援の強化が計られてきています。しかしこのような社会的制度面での支援が進んできているにもかかわらず少子化に歯止めがかからないのはなぜでしょうか。それには，家庭内での根強く残っている男女の固定的な役割分業の影響が考えられます。今後は，この是正という意識面での改革が個人を含めて家庭の内外での大きな課題ではないでしょうか。

参考文献
- 内閣府『平成16年版 少子化社会白書』ぎょうせい，2004年
- 湯沢雍彦『データで読む家族問題』日本放送協会，2003年
- 湯沢雍彦『新版 新しい家族学』光生館，1996年
- 厚生労働省 雇用均等・児童家庭局編『平成16年版 女性労働白書――働く女性の実情――』21世紀職業財団，2005年

3．家庭機能の変遷と家庭福祉

1）家庭機能とは何でしょうか

　家族は，社会を構成する一番小さな基本的集団です。それは多くの人の一番身近にあるものです。その家族の生活の場を家庭と呼ぶわけです。つまり家庭は，生活の場を重視した視点であり器ともいえます。逆に家族はその家庭の中に入る集団つまり中身を重視した呼び方といえるでしょう。

　家庭の機能は，ひとつには家族成員存続のために行われる家庭の役割（生殖，家事など），もうひとつは社会の発展のために行われる家庭の役割（しつけ，教育など）に分けられます。また家庭の機能は不変のものではなく，時代や社会に影響されながら変化していきます。

2001年度内閣府「国民生活に関する世論調査」によると,「家庭はどのような意味をもっているか（複数回答）」の回答では,「家族の団欒の場」62.5％,「休息・やすらぎの場」59.4％,「家族の絆を強める場」34.0％でした。団欒やすらぎなどの家族の精神的つながりに意味を見出している人が圧倒的に多いことがわかります。

皆さんでしたら家庭が果たす機能・役割といったら何を思い浮かべますか。ここに現代の若者（20歳前後の男女）がどう考えているのかの１例を紹介します。北関東の人口14万の中都市であり，福祉を学んでいる短期大学生という範囲での調査であることをお断わりしておきます。

家族がそろってすることで一番多いのは，１位が「食事」，２位が「団らん・会話」，３位が「外出・旅行」，４位が「TV観賞」でした。

つぎに，家庭・家族の役割や機能を若者たちはどう考えているでしょう。１位が「支え合い・相談・協力」，２位が「やすらぎ・いやし・愛情」，３位が「家事をする場」，４位・５位が同位で，「感情表出・信頼」と「共同生活の場，帰る場」でした。

先の内閣府の一般人対象の調査と同じように，家庭の機能・役割については，若者も情緒的機能を一番に考えていることがわかります。

つぎに，家庭・家族の機能について研究者はどのように考察しているのでしょうか。ここに代表的な３人の研究者の説をあげます。

① アメリカの社会学者W. F. オグバーン（Ogburn）[1] の説

オグバーンは，1930年前後という早い時期に近代工業化以前の家族機能として経済，地位付与，教育，保護，宗教，娯楽，愛情の７つをあげ，その後，愛情以外の６つの機能は，企業，学校，政府などの社会の働きの中に吸収されていくと主張しました。第２次世界大戦前（以降，戦前と記す）に家族機能縮小説を打ち出していたことは驚きに値します。

② アメリカの社会学者T. パーソンズ（Parsons）[2] の説

パーソンズは，1978年に現代家族の機能を２つあげています。子どもの社会

化と大人のパーソナリティの安定化です。非常に簡潔で分かりやすく，現在でも多くの家族研究者に注目されています。

③ 森岡清美[3]の説

日本においては，1983年に森岡清美が，家族は「第一次的な福祉志向の集団」と定義し，戦前の経済機能中心の家族から，現代の愛情機能中心の家族へと変化したとする家族機能の重心推移説についての見解を提示しました。家族の機能は縮小されましたが，家族ならでは果たしえない機能が残ったと論じています。

上記家族機能の諸説を参考に，現代の家庭機能を整理してみましょう。

① 家庭での経済・生産機能
② 身辺保持・家事機能
③ 子どもの教育機能
④ 保健・医療関連機能
⑤ 高齢者などの保護・介護機能
⑥ 性的充足・生殖機能
⑦ 情緒的（心理的）な安定機能

以上のような機能が考えられます。①の経済・生産機能は，産業化による雇用労働者の激増で家庭から企業への移行が大きいものです。②の身辺保持機能は依然として家庭内での作業であり，それがこの項目の特徴といえるでしょう。家事機能は，家電製品の普及や食品業界の発展や外食産業の発達によって，家庭ですべてを調理しなければならなかった時代とは違ってきています。③の教育機能は，主として知識教育が学校や他の教育機関に移行されていきました。④の保健・医療関係機能は，社会的な機関の充足により家庭で負担しなければいけない部分が縮小しています。⑤の高齢者などの保護・介護機能は家庭での人的能力が低下しています，家庭での負担は高齢者のいちじるしい増加と介護期間の延長，入所施設の不足，また将来介護することになる子どもの数の減少などにより，少なくなったとは簡単にはいいきれないものです。

⑥の性的充足機能は，本来，夫と妻に限定されたものですが家庭外でも充足することは可能です。しかしそれは，他に代替するものがほとんどない点では健在にみえます。しかし産む子どもの数が減少したことによる機能の縮小はあるでしょう。⑦の情緒的な安定機能は，家族存続のために重要な機能といわれています。しかし，最近では子どもがひとり部屋を与えられたり，ITの普及などにより，家族のコミュニケーションの希薄化が進んでいます。

２）なぜ家庭機能は縮小されたのでしょうか

以上のように縮小・低下した家庭機能の原因を考えていきますと，①産業化による経済機能の外部化，②家庭製品の普及による家事機能の外部化，③教育機関の普及による教育機能の外部化，④医療機関の充足による保健・医療関係機能の外部化，⑤少子高齢化による高齢者などの保護・介護機能の外部化などがあげられます。これらの原因について詳細をみてみましょう。

①産業化による経済機能の外部化

近代工業発生以前では，農林水産業を含めた自営業者が大多数を占めていましたが，近代以降ではサラリーマンの家庭が増加し続け，ついには自営業者とサラリーマンとの数は逆転しました。自営により農林水産等の生産活動を行っていた前近代社会の家庭では，経済的・生産的機能も重要でした。しかし，その後工業化・産業化の到来により経済的・生産的機能の比重は，工場・会社に移行していきました。また家庭で仕事に従事していた自営業者が，サラリーマンとして工場等で勤務するようになりました。職場機能が家庭から会社に移行し，居住地と職場とが分離していきました。今では大多数の子どもは父親が仕事をする姿をみることがなくなりました。

②家庭製品の普及による家事機能の外部化

成人男性がサラリーマンとなって外へ出て行く一方で，成人女性の家庭での仕事も大きく変わっていきました。戦後日本の高度経済成長の中で，家族成員の衣・食は外部から購入した既製品・半既製品でまかなわれることが進展してきました。

衣に関しては，それまでは，家族の衣服を縫うことや布団を作ることは成人女性の大きな仕事でしたが，今日では子どもの衣服を縫う女性は多少いますが，大人の衣服や布団まで作る成人女性はほとんどいないでしょう。乳幼児を抱えた母親も以前はウンチで汚れた布オムツを手で洗っていましたが，最近は成長段階ごとに使い捨てのおむつが多種類販売されています。また汚れた衣類も以前は洗濯板を使って，たらいで手洗いをしていましたが，今では洗濯機の普及により簡単に洗えるようになりました。

　食に関しても，釜で薪を焚いてご飯を作る家庭はほとんどありません。炊飯ジャー・電子レンジなどの普及により簡単に食事の支度ができるようになり，豊富な食料が安価で手に入るようになったからです。主食のお米でさえ洗わなくてもすむ無洗米や，冷凍食品，レトルト食品，使い捨てのお皿など家事の手間を省くものがたくさん出回っています。皆さんの家庭では，お正月のおせち料理を自分の家で作りますか。以前は，田作りや煮豆やうま煮などを時間をかけて煮ることが，母親たちの師走の仕事でした。また，家で臼を使っておもちをつくことも各家庭の年末の風物詩でした。今日では，もちつき風景は個人の家ではほとんどみられなくなりました。

　③　教育機関の普及による教育機能の外部化

　戦後の高度経済成長によって生活が安定してきた家庭では，子どもの教育に熱心になりました。以前は，幼稚園は5歳からの1年間か4歳からの2年間の保育でしたが，その後，幼稚園では3歳児保育が増加し，最近では，満3歳の誕生日を迎えると入園できる「満3歳児保育」や2～5歳の「4年保育」を行うところも出てきました。また，幼少の子どもに対して親は，ピアノ，絵画，バレーや英語などのおけいこごとや習いごとをさせることに熱心になりました。厚生労働省の2001年調査によりますと，0～2歳までの84.4％が家庭で養育されています。しかし，3歳になると家庭のみの養育は33％になります。さらに4～5歳は家庭のみの養育は6.6％に激減し，保育園や幼稚園の養育は93.4％に上っています。外で働く母親と専業主婦の母親で違いがあるでしょう

が，総合してみると3歳未満の子どものしつけはまだ家庭でなされていますが，家庭での子どもの養育期間と養育時間は縮小されています。

つぎに学校教育についてですが，日本では明治5年（1872年）に学制がしかれ，小学校の義務教育化が進みました。初等教育は非常に早くから全児童に普及したのです。明治末期には100％近くの就学率になっていたといわれます。また，中等教育（中学校・高等学校など）も終戦直後では6割だったのが1971年には9割になり，現在ではほとんどが就学しています。高校進学は，1950年には42.5％でしたが，2002年には97.0％と2倍以上に伸びています。高等教育（大学院・大学・短大・専門学校など）への進学率は，1955年には10.1％でしたが，2002年には46.8％と4倍以上の伸びになっています。

高等学校，専門学校，短期大学，大学などへの受験競争はどんどんエスカレートしていき，多くの青少年は塾や予備校へ通うようになりました。家庭での知識教育は，家庭外の学校や塾での教育へと移行していったわけです。受験戦争に勝つための塾通いの学生数は戦後急速に上昇し，最近は学生数は横ばいといわれる中で，塾産業は衰えていないようです。学校以外の学習は，家庭教師や塾に頼るようになりました。両親や上のきょうだいがみることは少なくなり，それどころではなく「勉強は塾でやらせるから，学校ではしつけをしてほしい」などと本末転倒のようなことを主張する親もいると聞きます。

以上，幼児教育・学校教育などを通観すると，家庭での教育は乳幼児期のしつけなどはまだされていますが，幼稚園以上の子どもの教育は外部化が著しいといえます。

④ 医療機関の充足による保健・医療関係機能の外部化

戦後は，衛生・予防・保健・医療を家庭で行うことが少なくなり，専門技術をもつ保健・医療機関への移行が多くなりました。1961年には国民皆保険体制が確立し，家庭外で保健・医療機関が充足するのを後押ししました。現在では家庭での保健・医療に対する役割は軽減されています。また，以前は常備薬が置かれている家庭が多く存在していました。家庭に直接売りに歩く薬屋さんと

して「富山の置き薬」が有名でした。現在の家庭では常備薬は最小限のものしか置いてないでしょう。体調を崩してから，薬局・診療所・病院などへ走ります。自治体ごとに夜間担当の救急病院も決められています。学校や職場や市町村などでの健康診断や予防接種なども近頃は充実しています。家庭の負担はずいぶん軽くなりました。

　家庭で行うことがほとんどなくなった出産について考えてみましょう。戦前は，自宅でお産婆さんが介助する出産が圧倒的に多かったものですが，戦後だんだん病院や診療所で出産する人が増え，今では家庭で出産する人は珍しくなりました。皆さんの中には，家の中で，母親が妹や弟を出産したり，妻が子を出産したという体験がある人はいますか。現在では95％以上の出産が病院や診療所で行われています。

　⑤　少子高齢化による高齢者などの保護・介護機能の外部化

　最近の日本は，少子高齢化により高齢者介護に対する社会意識や社会制度が急速に変化しています。以前は，高齢者の世話は家庭内でその子どもにやってもらうのがあたりまえで，しかもそれは長男の嫁の役割と考えられてきました。しかし最近では家庭内での高齢者介護は，家族成員全員の分担で行う傾向にあります。

　また制度面では，2000年4月から介護保険制度の実施により，社会サービスを1割負担で受けることが可能になりました。要支援や軽い要介護の段階には，ホームヘルプサービス・デイサービス・ショートステイサービスなどという在宅福祉サービスを利用し，重度になり家庭で介護ができにくくなった場合に，福祉施設・保健施設・医療機関などへの入所・入院を希望するようになりました。

　要介護者やその家族の意識面では，保険料金を納めているのだから，社会的サービスを受けることは当然の権利だという考えが生まれてきました。お上の世話にはなりたくないとか，あの家は嫁の出来が悪いとか，子どもが親不幸だとかの陰口をたたかれたくない，という考えは過去のものになりつつあります。

つまり「介護は家庭で」や「入院・入所は国の措置」から「介護は社会サービスを利用して」や「利用者の権利であり，自らの選択・契約」へと意識が変化しているのです。家族の意識面では，在宅介護において家族が共倒れしないように，体を使う重労働は専門職者に，精神的・情緒的な支えは家族にという変化もあります。

　このように，高齢者の意識も社会の意識も急速に変化してきています。入院や施設入所などへ至るまでの要支援や軽い要介護の時期は家庭での援助が必要ですから，家庭での介護がなくなったわけではありませんが，以前に比べ保護や介護の面でも家庭は随分スリムになったわけです。またそれまで行政措置として社会福祉協議会や社会福祉法人などに任されていた，在宅福祉サービスや施設福祉サービスが，介護保険法の成立後は民間企業も参入できることになりました。これにより，サービスを提供する側の施設・機関も意識改革をし，質や量の向上が目指されてきています。重度の者への介護は家庭内の非専門職者である女性から，外部の専門職者へと移行していくでしょう。

　以上のような意識・制度・社会変化から家庭の保護・介護機能の外部化が進んでいったのです。

3）家庭機能縮小によって何が起こったのでしょう
　① 女性の社会進出を推し進めた

　先にも述べましたが，産業化のおかげで女性が家事にかける時間が少なくなりました。その上，家庭外での教育機関や福祉資源などが充実してきたことにより，女性は社会に出て働くことが可能になりました。それと同時に，女性自身も自己実現として社会進出を志向するようになりました。家事・育児だけで人生を終えることに疑問を感じ，社会に出て自分の力を発揮したいと家の外に生きがいを求めるようになったのです。また，産業構造の変化もひとつの原因です。第1次産業の農林水産業についで，第2次産業の工業は主として男性に向いている仕事でしたが，現在めざましい伸展を見せている第3次産業の商業・サービス業・情報産業などは，女性にも適合したので，女性の社会進出に

拍車をかけました。

以上のように,産業化,女性自身の意識変化,第3次産業の発展などが女性の社会進出を進めていく要因になったわけです。「男は外,女は内」という従来常識とされていた性別役割分担の社会規範が崩れつつあります。全雇用者に占める女性雇用者の割合は,1985年では約36％だったのが,2003年では約41％にまで至っています。

しかし,社会的援助体制が行き届かない日本においては,結婚して子どもが産まれると退職し,子どもが小さい間は家庭で育児をし,子どもに手がかからなくなったら再就職をするというM字型の就労が定着しています。世界の先進国と比較しても,日本女性のM字型就労は,はっきりと現れています。男女役割分担など,まだまだ民主化されたわけではありません。働く女性のための保育園の待機児童も,2004年度で24,245人というように依然として不十分ではありますが,若い世帯の前向きな努力もあり,子育てに非協力的な社会ではありながら女性たちは就業率をあげています。

② 社会福祉制度の改革を推進した

家庭機能の縮小・低下により,家庭での保護・介護機能の不足を補う必要がでてきました。一方,日本における高齢化率は1970年に7％を突破し,1994年には14％以上になり高齢社会に突入しました。2005年発表では全国平均で19.5％になりました(2004年調査)。高齢化率の向上,後期高齢者増加による要介護者の増大などをみすえ,国は法律・制度の確立を急ぎました。これはまた国家財政悪化を防ぐためという目的もあり,具体的には公的介護保険制度の準備が進められていきました。

在宅福祉を支援する体制は,1990年の「老人福祉法等の一部を改正する法律」(福祉関係八法改正) により整えられました。福祉6法のうちの生活保護法を除く5法と他の3法,つまり社会福祉事業法 (現・社会福祉法),老人保健法,社会福祉・医療事業団法を加えた8法の中に在宅福祉が明文化されたのです。そして1989年に「高齢者保険福祉推進十か年戦略」(ゴールドプラン),1994年

に新ゴールドプラン，2000年にゴールドプラン21というように，具体的な福祉マンパワーと施設・サービスの数値目標が掲げられました。このようにして着々と介護保険成立へと準備が進んでいき，1997年ついに介護保険法が制定されました。さらに政府は，社会福祉基礎構造改革を推し進めます。改革の理念は，① 個人の自立と自己決定，② サービスの質の向上，③ 地域生活の総合的支援でした。社会福祉基礎構造改革により，2000年に「社会福祉事業法」が改称，改正され「社会福祉法」となりました。このようにして国は，家庭での相互扶助を念頭に置きながら在宅の福祉充実を目指しました。人びとの意識の変化が家庭福祉機能の低下に影響し，家庭福祉機能の低下が社会福祉制度の改革を促していくことになったわけです。

③ 家庭では情緒機能が中心になった

家庭の機能が減少した結果，家庭の存在自体が不必要になったのでしょうか。先にも述べてきましたが家庭機能の経済的，家事的，教育的，医療的，保護・介護的機能はすべてなくなったわけではなくあくまでも減少したのです。私たちのライフステージを考えてみてください。乳幼児期の保護的機能やしつけなどの教育的機能はなくなっていません。高齢期の在宅介護機能も家庭での役割は大きいでしょう。しかもまた，生殖機能と情緒的機能は確実に存在しています。生殖機能については，現在危惧されている合計特殊出生率（ひとりの女性が生涯に子どもを何人出産するかを示す比率）の低下にみるように縮小されてはいますが，なくなったわけではありません。パーソナリティの安定，情緒の安定，家族間の愛情などの機能は残っていくのではないでしょうか。もしこの情緒的機能の必要がなくなれば，家庭の存在自体が危ぶまれます。最近話題にされる夜寝に帰るだけの「ホテル家族」や「家庭内離婚」，「高齢者虐待」，「児童虐待」などは情緒的機能が失われた家庭の状況でしょう。

社会の中で一番小さい集団である家庭がなくなったとき社会全体の存続も危惧されます。皆さんも家族がバラバラになり異なる場所で生活すること，または一時的ではなく恒常的にたったひとりになったときのことを想像してみてく

ださい。快適でしょうか。友人，知人にはいえない口調や内容を家族にならぶつけあうことができたり，悲しいときや嬉しいときも自分のこととして家族に受け止めてもらえます。いろいろな家庭はあるでしょうが，他人よりは気を使わなくてすむのが家族でしょう。家庭があるからこそ情緒が安定し，家族の喜ぶ顔をみたいからこそ手のこんだ料理を作る気になったり，厳しい仕事にも立ち向かえるのではないでしょうか。

前出した北関東の福祉系短期大学生に「家庭とはどんなところか」とたずねたところ，「気軽に話ができるところ」「心の開けるところ」「気がねしないところ」「一番安心ができるところ」「心の安らぐところ」「落ち着くところ」「安心できるところ」「一番頼れるのは家族」「悲しいときに支え合い，嬉しいときに分かち合うところ」「ちょっとした変化もお互いに分かるところ」「何かあったら助けてくれるところ」「自分を理解してくれるところ」「アドバイスしてくれるところ」「励ましてくれたり，悪いことは指摘してくれるところ」「血のつながっている者がいるところ」「切っても切れないところ」「やる気の源になるところ」「いつも戻っていくところ」「自分の居場所」「かけがいのないところ」などでした。以上のように情緒的安定に関しての家庭機能の価値を今の若者たちも認めています。

情緒機能が残っている家庭は，血縁からできた家族ばかりではありません。里親になって築いた家庭も愛情でつながっているでしょうし，老人ホームの入所者も，ホームを家庭として意識している場合が多いものです。愛情，安心，安息などが家庭の大きな機能として残ったといえるでしょう。

4．日本における家庭形態の変遷と家庭福祉

1）「いえ」制度からの変遷
① 家族構成の変化

家庭機能の変化と家庭福祉については，前節で述べてきました。ここでは，家庭の形態について検討していきます。家庭の形態は家族構成と家族規模の2

つの視点に分けられます。

森岡によると「家族とは，夫婦・親子・きょうだいなど少数の近親者を主要な成員とし，成員相互の深い感情的係わり合いで結ばれた幸福（well-being）追求の集団である」[4]とされています。

現在は，「家族」「家庭」という言葉は多義的に用いられていますが，ここでは，日本においての特殊な形態ともいえる「いえ」制度を歴史的に概観することから始めます。「いえ」制度を解説する前にまず，家族形態の3類型を明確にしましょう。

制度としての家族構成は，以下の3つに分類されます。ⓐ 夫婦家族制，ⓑ 直系家族制，ⓒ 複合家族制です（図表2－8）。

ⓐ 夫婦家族制

夫婦家族制は，夫婦と未婚の子どもからなり，核家族が単独で存在する形態をいいます。この家族は夫婦の結婚の時点から形成され，夫婦どちらかの死亡によって終わります。子は成長し親元を離れ自分の家庭をつくります。

ⓑ 直系家族制

直系家族制は，夫婦とその直系の子どもひとりとその家族からなります。2つ以上の核家族が既婚子を中心に結合した形態です。家族は通常3世代によって構成されます。家族成員は祖父，祖母，主にあとつぎである長男（基本的に

図表2－8　家族形態の3類型

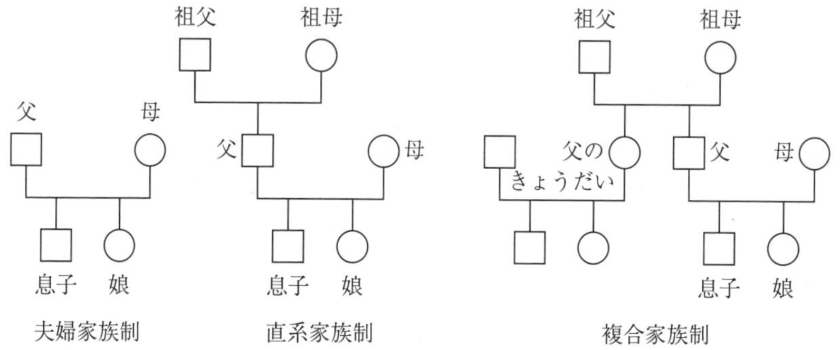

夫婦家族制　　　　直系家族制　　　　複合家族制

男子限定，あるいは男子優位とすることが多い），その配偶者，あとつぎ夫婦の子などです。家の成員は代々交替しますが，あとつぎの核家族との同居をくりかえすことで，家そのものは直系的に継続されます。

　ⓒ 複合家族制

　複合家族制の成員は，2つ以上の夫婦家族から成ります。主に夫婦とその複数の既婚子と彼らの配偶者及び子どもからなります。この類型は，多人数の家族が出現しやすいです。

　以上3つの家族制度は時代的に複合家族制→直系家族制→夫婦家族制へと進んでいくことが多いです。

　②「いえ」意識の変化

　あとつぎの長男が親と同居する上記 ⓑ のような直系家族制度を日本では「いえ」制度といいます。「いえ」制度は江戸時代に武家社会で取り入れられた伝統的な制度です。それは，戦前まで日本人の家族形態を支配していました。「いえ」制度では，相続は家督相続といわれ，長男が資産などのすべての権利を引き継ぎました。一方，長男には親の扶養義務があるとされていました。伝統的直系家族制度の中での「いえ」意識は，個人よりも先祖や土地を尊重していました。「いえ」が重要視され，現在のような個人の自由や個人の尊重とは異なる価値観が存在していました。戦後の民法では，旧来の「いえ」制度を否定し，夫婦家族制度を民法で採用することになりました。

　世帯形態は，戦前から戦後へ，昭和から平成へと時代の流れと共に変化してきています。世帯形態の変化について検討してみましょう。夫婦のみの世帯・単独世帯が増加し，夫婦と未婚の子のみの世帯・三世代世帯は減少しています。

　つぎに世代別の「いえ」意識を2001年の「国民生活選好度調査」でみてみます。図表2－9では，「いえ」制度に賛成するのは高齢者のほうが多いことが分かります。「親の世話は長男の義務であり，介護は長男の嫁の仕事である」という伝統的考えから「高齢者の世話は，できる人がする」という考えに変化

しつつあります。少子化は，男児のいない家庭をも多く生み出し，現在は介護の外部化の時代が到来しているのです。「いえ」意識の変化は，年齢の他に地域，男女，などによっても差があります。農村より都市，男性より女性のほうが「いえ」から夫婦家族への切り替えが早いのです。

また「いえ」意識の変化は，遺産相続に関する意識変化にも現れます。「いえ」制度では「長男が資産を引き継ぐ」とされていたものが，現在の民法では「子ども全員が均等に相続する」と定められています。「いえ」意識が希薄化した現在では，親の遺産は「長男でなくても世話をした子どもが相続すべき」という考えや「家族でなくても老後の世話をした人が相続すべき」という意見も増えています。介護する側の考えの合理化とともに，介護される親の「世話を多くしてくれた人に多くの遺産を与えたい」という自然の人情を優先しよう，という意識の変化もあります。

図表2－9　年齢の高い人ほど長男には特別な役割があると思う人の割合は高い

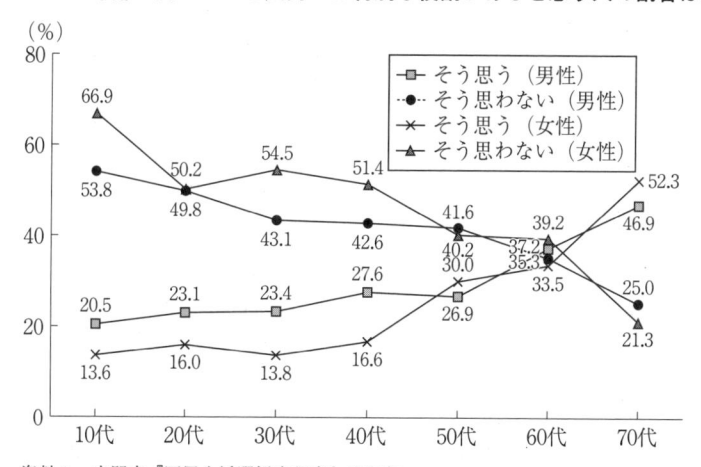

(%)

年代	そう思う（男性）	そう思わない（男性）	そう思う（女性）	そう思わない（女性）
10代	20.5	53.8	13.6	66.9
20代	23.1	49.8	16.0	50.2
30代	23.4	43.1	13.8	54.5
40代	27.6	42.6	16.6	51.4
50代	30.0	40.2	26.9	41.6
60代	37.2	35.3	33.5	39.2
70代	46.9	25.0	52.3	21.3

資料1．内閣府『国民生活選好度調査』2001年
　　2．「あなたは，長男には，ほかの子供とは異なる特別な枠割があるという考え方について，どのように思いますか。」という問に対する回答者の割合。
　　3．そう思うは，「全くそう思う」，「どちらかといえばそう思う」と回答した人の割合の合計。そう思わないは，「どちらかといえばそう思わない」，「全くそう思わない」と回答した人の割合の合計。

2）多様化する家庭
① 核家族について

核家族は，前述した3類型の中の ⓐ の夫婦家族制が中心です。夫婦とその子どもから構成される家族ですが，核家族化とはこの核家族家庭が全世帯の中で多くを占めることをいいます。

皆さんの中には，核家族は終戦後の都市化や産業化の中で生まれ，拡大家族が崩壊後出た新しい傾向と思っている人も多いでしょう。しかし，核家族はじつは戦前から多い家族形態でした。戦前の日本でも半数以上が核家族だったのです。総務庁の「国勢調査報告」によると，1920年には一般世帯の約56％が核家族です。1955年から1975年の20年間は核家族率は大きく増加しています。1975年以降は下降していますが，核家族世帯は6割以上を占めているのですから，鈍くなったとはいえ，現在も核家族の時代です。

② 家庭の小規模化について

つぎに小家族化について考えましょう。家族成員の人数の縮小を小家族化といいます。1934年「東京市家族統計」では，5人以下を小家族，6人から10人までを中家族，11人以上を大家族と規定しました。前出の図表2－1のように，1950年以降世帯成員数は下降し，特に1950年から1980年の30年間の下降は著しくて，家族成員が4.97人から3.22人に大きく減少しています。その後下降は緩やかになっているとはいえ，減少が続いていることがわかります。2000年には，2.67人でした。人口問題研究所の推測によれば，2025年までには2.4人まで減少を続けるといわれています。また小家族化は，日本だけの現象ではなく，主として先進国といわれる国々で同じように減少していますが，日本の変化の特徴は急激なのです。このような世帯規模の縮小は，ⓐ 主婦の出産数の減少，ⓑ 単身家庭の増加，ⓒ 高齢者家庭の増加などによって起こります。

　ⓐ 出産数の減少については，女性が産む子どもの数を現したものに合計特殊出生率の低下があります。1973年は2.14人でしたが，2003年には1.29人になり，2004年は同じく1.29人（2005年6月発表）でした。

図表2−10　世帯構成割合の推移

	単独世帯	夫婦のみの世帯	夫婦と未婚の子のみの世帯	片親と未婚の子のみの世帯	三世代世帯	その他の世帯	総世帯数
1975年	18.2	11.8	42.7	4.2	16.9	6.2	32,877千世帯
1980年	18.1	13.1	43.1	4.2	16.2	5.4	35,228千世帯
1985年	18.4	14.6	41.9	4.6	15.2	5.3	37,226千世帯
1990年	21.0	16.6	38.2	5.1	13.5	5.6	40,273千世帯
1995年	22.6	18.4	35.3	5.2	12.5	6.1	40,770千世帯
2000年	24.1	20.7	32.8	5.7	10.6	6.1	45,545千世帯
2003年	23.3	21.4	32.5	5.8	10.4	6.6	45,800千世帯

注）1995年は兵庫県を除いたもの。
資料）1985年以前は，厚生労働省『厚生行政基礎調査報告』
　　　1990年以降は，厚生労働省『国民生活基礎調査報告』により作成
出典）三浦文夫編『図説高齢者白書』(2004年版) 全国社会福祉協議会，p.45

ⓑ 単身家庭の増加については，図表2−10を参照してください。単身家庭の増加が分かります。単身といってもいろいろな場合があります。たとえば，高学歴化や女性の社会進出などが原因の結婚の晩婚化による未婚の男女の増加，離婚率の増加による単身の増加，高齢夫婦の配偶者死亡等による単身化などいろいろな場合が考えられます。単身家庭は，1980年の18.1％から，2003年の23.3％へと大きく増加していることが分かります。予測では2020年には29.7％になり，「夫婦と子ども世帯」の26.7％，「夫婦のみの世帯」の21.9％を抜き，家庭形態でのトップに躍り出るとみられています（内閣府編『国民生活白書』平成13年度）。

　また，2005年には，高齢独り暮しは，全国平均で37％になると予測されています（厚生労働省・人口問題研究所，2005年）。

ⓒ 高齢者家庭の増加は年々進んでいます。
　2005年7月，厚生労働省発表の平均寿命は，男は78.64年，女は85.59年

です。戦後は，65歳以上の高齢者が同居する家庭は，三世代家庭が一番多かったのですが，比率は年々減少し，2000年には，夫婦のみの家庭に追い越されました。1980年には三世代の家庭で50.1％，高齢夫婦のみの家庭が16.2％，高齢単身家庭は10.7％でしたが，2003年には，三世代の家庭が24.1％に減少し，高齢夫婦のみの家庭が28.1％で11.9％も増加し，高齢単身家庭は，19.7％になり9.0％もの大きな増加になっています。高齢夫婦のみ，高齢単身家庭を合わせると家庭構成の半分近くに（47.8％）上ります。さらに，2020年の推計では高齢夫婦のみの家庭や高齢単身家庭の合計は半分以上（51.6％）になります（前出『国民生活白書』）。この理由は，高齢者の自立意識への転換，家庭での介護機能の低下，少子化，小家族化，福祉制度の発展により福祉サービスが充実してきたことなど多くの要因が絡み合っているでしょう。皆さんの家庭で65歳以上の高齢者がいる場合は，どのような形態の居住を望んでいるでしょうか。また皆さんが65歳以上になった時には，どのような老後の過ごし方をしていると思いますか，また希望しますか？

③ 多様化する家庭の課題について

今私たちは「家庭の崩壊」「父性の喪失」「母性の喪失」「家庭内離婚」「未婚の母」「家庭内暴力（D. V.）」「高齢者虐待」「児童虐待」「ホテル家族」など家庭の危機や人間性の喪失などの言葉を多く耳にします。また，「単親家庭」「単身家庭」「高齢夫婦家庭」「同棲家庭」「未婚の母家庭」などという家庭形態の多様化を表現する新しい言葉に接することも多くなっています。前述した家族形態の3類型の型にはまらない多様化した家族形態が今取りざたされているのです。むしろ旧来の家庭ではない新しい家庭構造があたりまえになっています。家庭は多様化し，旧来からの夫婦家族家庭（核家族家庭）や，三世代家族の家庭などと同時に，上記に列記した多様な家庭形態が出現しています。「親と子の家庭（核家族）」「夫婦のみの家庭」ともに減少しているのですが，「ひとり暮らし高齢者家庭」は，大きく増加しているのです。家庭での福祉は，家族構

成や家族成員数の面から，個人の自助努力ではとうていまかないきれない時代になっているといえます。

戦後50余年経った時，国は高齢化が進む社会の中で高齢者介護に危機感をいだき，介護保険の実施を実現させました。しかし，多様化した家庭に対応する社会的サポートシステムは，まだまだ制度・施策ともに不十分なことが問題でしょう。2005年6月には介護保険の5年目の見直しが行われ，介護予防を重点とした改正案が成立しました。一部は2005年10月から実施され，多くは2006年4月からの実施になります。総務省「人口問題研究所」の「日本の将来推計人口」によれば，2015年には高齢化率26.0％で，約4人にひとりが高齢者になるといわれる日本では，高齢者対策は非常に重要ですが，高齢者以外の多様化する家庭への社会的サポートも急がなくてはならないでしょう。

④ 家族の個人化について

個人化というと，家族の一人ひとりがそれぞれの生活を大切にし，別々の生活領域を持つことが，家族の役割に支障をきたす程に拡大した場合をいいます。

個人化の最近の新しい要因として，IT（Information Technology：移動電話・インターネット等）の発展が言われています。ITの普及は家族のコミュニケーションに変化を及ぼしているのではないかと推測されます。

移動電話・インターネット利用者の人口普及率は2005年では62.3％（総務省2005年5月19日発表）になっています。

ITを利用する20歳以下では「時間を気にせずに友人と連絡を取れるようになった」が66％，「ほかの家族を気にせずに友人と連絡をとれるようになった」が63％，というように友人とのコミュニケーションの増加は圧倒的です。しかし一方では，「家族に内緒の話ができた」「自分の部屋で過ごすことが長くなった」「他の家族の交友関係がよく分からなくなった」「友人中心に行動するようになった」というように家族間のコミュニケーションの減少を危ぶまれるものが合計で45.9％にのぼっています（前出『国民生活白書』）。家族集団よりも個

人の生活を重視している状況は，ITの普及により加速されているといえるでしょう。

注）
1) Ogburn,William F. The family and it's functions , Chapter 13 in *President's Research Committee on Social Trends* (eds.), Recent Social Trends in the Uncted Status , McGrow-Hill, 1933.
2) T.パーソンズ，R.F.ベールズ著,橋爪貞雄ほか訳『家族』黎明書房，1981年
3) 森岡清美・望月嵩『新しい家族社会学』培風館，1983年，p.174
4) 同上書,p.4

参考文献
・森岡清美・望月嵩『新しい家族社会学・四訂版』培風館，1997年
・望月嵩『家族社会学入門・結婚と家族』培風館，1996年
・野々山久也『家族福祉の視点』ミネルヴァ書房，1997年
・落合恵美子『21世紀家族へ』有斐閣選書，1994年
・畠中宗一『家族支援論』世界思想社，2003年
・四方壽雄『崩壊する現代家族』学文社，1992年
・平野かよ子『ナーシング・グラフィカ ⑦ 社会と生活者の健康－社会・生活論』メディカ出版，2004年

第3章　家庭福祉に関する法律

1．家族法

　私たちの生活の中にはさまざまな法律があります。その中でも日本国憲法は公法といって国家（公権力）と個人という公的な関係を規律した法律です。それに対して私法は個人と個人の生活関係を規律した法律でその代表的な法律が民法といえるでしょう。民法は総則・物権法・債権法・親族法・相続法の五編からなっており，総則，物権法，債権法を財産法といい経済生活関係を規律しています。親族法，相続法を家族法（身分法）といい身分関係を規律しており，民法はこの財産法と家族法から成っています。ここでは家庭内で問題が起きた時に解決する手助けとなる家族法についてみていきます。

1）家族法の変遷

　日本の民法は初め1879（明治12）年にフランスのギュスターヴ・E・ボワソナードにより起草され成立しますが，日本の家族制度にそぐわないとされ施行されず，その後ドイツの民法にならって1898（明治31）年に公布・施行されます。この明治民法（旧民法）は「家」を中核的位置に据えた前近代的なものでした。「家」に戸主をおき，戸主には強い権限（戸主権）があり，婚姻，居所など戸主の同意が必要とされました。そして「家」の財産（家産）を代々継いでいく家督相続といわれるものがありました。戸主は父親であり，それを長男が継いでいく「家」の繁栄が目的とされたまさに家父長的家族法でした。これは戸主の家族に対する統制と支配であり，夫から妻，親から子へも同様でした。個人の自由と平等が無視された家族法といえます。この明治民法に規定されていた家族に関する理念・制度を「家」制度と呼んでいます。しかし第２次世界大戦後，1946（昭和21）年に憲法が改正，翌1947（昭和22）年に施行され，新憲法である現在の日本国憲法が成立します。この憲法の理念のひとつである個人の尊厳と男女の平等は今までの民法の家族の理念にはそぐわず，親族法・相

続法である家族法の部分が全面改正されます。これを昭和民法（新民法）といい，1948（昭和23）年施行されます。① 「家」の廃止（「戸主及ヒ家族」〈第4編旧第2章〉の削除）② 妻の無能力の廃止〈旧14条～18条の削除〉③ 夫婦平等の原理（同居・協力・扶助義務〈752条〉離婚原因〈770条〉）④ 父母平等の原理（共同親権〈818条〉）⑤ 家督相続の廃止による諸子均分の原則〈887条・900条4号〉と配偶者の相続権の確立〈890条〉などの点が改正され，「家」から夫婦と子を中核とする婚姻家族を基礎とした近代的家族法が成立します。これはまさに180度の転換であり，男尊女卑の旧民法から特に「妻」の立場の向上がはかられた家族法といえます。これは私たちの生活を「家」から「家庭」へと大きく変化させたといえるでしょう。

2）結婚と離婚

① 結婚

「婚姻は両性の合意のみに基づいて成立」（憲法24条1項）しますが，わが国では「婚姻は，戸籍法の定めるところによりこれを届け出ることによって，その効力を生ずる」（民法739条）としており，届出婚主義をとっています。さらに民法では，結婚には以下のような実質的な要件が必要です。

- 当事者間に婚姻の意思があること（民法742条）
- 結婚適齢（男性満18歳，女性満16歳）に達していること（民法731条）
- 重婚でないこと（民法732条）
- 女性が6ヵ月の再婚禁止期間を過ぎていること（民法733条）
- 近親者（直系血族，3親等以内の傍系血族）間，直系姻族間，養親子関係者間の結婚でないこと（民法734条～736条）
- 未成年者は父母の同意を得ること（民法737条）

これらを満たすと婚姻が成立しますが，それにより夫婦間には以下のようなさまざまな婚姻による効果が生じます。

- 夫婦は互いに貞操を守る義務がある（直接に表現した条項はないが不貞を離婚原因とした民法770条による）

・夫婦は同居して協力・扶助をする義務がある（民法752条）
・夫婦は同一の氏を称する（民法750条）
・未成年者が婚姻すると成年に達したものとみなされる（民法753条）
・夫婦間の契約は婚姻中何時でも取り消せる（民法754条）
・財産的効果――夫婦別産制（民法762条）
・結婚生活の費用の分担（民法760条）
・日常の家事などの債務は，夫婦の連帯責任（民法761条）

　事実婚や内縁など届出のない結婚では，このような法律上の規制がない代わりに配偶者としての権利を主張しても認められにくくなっています。

② 離婚

　日本は，先進諸国の中では離婚の手続きの簡単な国です。夫婦の合意があれば，理由を問われることなく届出をするだけで離婚が成立します。これを「協議離婚」といいますが，話し合いがまとまらない時は家庭裁判所に調停の申し立てをします。ここで合意すれば「調停離婚」となり，また離婚の合意は成立しているがなかなか調停が成立しない時の調停に代わって審判が下されて離婚になる「審判離婚」があります。それでも解決しない時は地方裁判所に訴えます。これを「裁判離婚」といいます。二人の話し合い（協議離婚）→家庭裁判所（調停離婚・審判離婚）→地方裁判所→高等裁判所→最高裁判所（裁判離婚）という流れで進みます。家庭裁判所を通り越して地方裁判所に訴えることはできません。（調停前置主義）今の家族法が施行された1948年には家庭裁判所の制度が十分に知られていなかったので協議離婚が98.2％と圧倒的に多く，その後調停離婚と裁判離婚は少しずつ増加しますが，それでも2002年は協議離婚が91.2％，調停離婚が7.9％，裁判離婚が0.9％，審判離婚はごく少数とやはり9割は協議離婚という状況です。「裁判離婚」は法律上決められた離婚原因により，夫婦の一方が裁判のうえで請求することができます。現行法の離婚原因には次の5つがあります（民法770条）。

　a．配偶者に不貞な行為があったとき。

b. 配偶者から悪意で遺棄されたとき。
　c. 配偶者の生死が3年以上明らかでないとき。
　d. 配偶者が強度の精神病にかかり，回復の見込みがないとき。
　e. その他婚姻を継続し難い重大な事由があるとき。

　このように5つ目の離婚原因からわかるように，どちらが悪いかという有責性を問わずにすでに破綻状態にある結婚は離婚を認めるという「破綻主義」を日本はとっています。欧米諸国に先駆け早くに「破綻主義」を実現した日本の離婚制度はきわめて柔軟な制度といえます。

　簡単に離婚ができる協議離婚は，協議過程に対する法の配慮がなく一方が勝手に離婚届けを出すこともあるわけです。これを防止するための制度として「不受理申出制度」があります。これにはいったんは離婚しようと思ったがそれを翻した「翻意による不受理申出」と始めから離婚意思のない「予防的不受理申出」の2種類あり，これを本籍地のある市（区）町村長に出すことにより，相手が離婚届を出しても受理されません。申出は6ヶ月間有効で更新することができます。この制度の利用は図表3－1によると1976年以降，年々増加しており，2003年には44,916件とかなり多くなっています。妻からの予防的申出であると推測されます。これは協議離婚制度が真の協議離婚でないものを含む危険性が強いことを示しており，適切にその過程をチェックする仕組みを今後整える必要があります。

　離婚後の生活については，慰謝料・財産分与・離婚後の扶養などの財産の問題，また子どもの親権の問題など，夫婦の協議で決めなければならないことが多くあります。子どもの親権者は父母の一方のみが親権者になり必ず決めなければなりません（民法819条）。必要があれば子の監護・教育をする監護者を親権者とは別に決めることができます。現在は母親が8割，父が2割弱と圧倒的に母親が親権者となり子を引き取る割合が高くなっています。それだけに離婚母子の生活保障が重要な問題になってきています。また離婚後の子どもが別居した親と日常的にどのような関係をもつかについては，民法上の規定はありま

図表3-1 離婚届等不受理申出件数の推移

(万件)

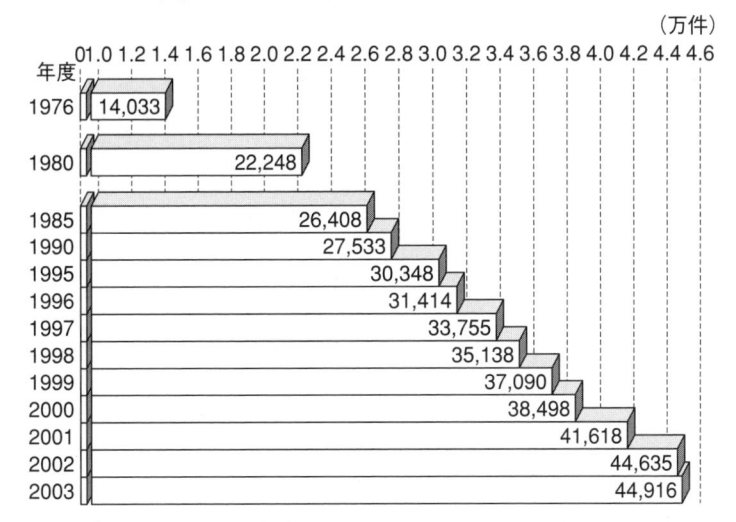

年度	件数
1976	14,033
1980	22,248
1985	26,408
1990	27,533
1995	30,348
1996	31,414
1997	33,755
1998	35,138
1999	37,090
2000	38,498
2001	41,618
2002	44,635
2003	44,916

資料)『戸籍』(テイハン刊)資料から作成
出典)利谷信義『家族の法』有斐閣、2005年、p.80

せんが、1960年代半ばから、別居した親が子どもと会ったり、文通その他の接触をする権利が、家庭裁判所の審判で「面接交渉権」として認められるようになりました。これに関しては賛否両論ありますが、夫婦は別れても親子関係は変わりません。面接交渉権は子どもの幸せのために認められるものであることを考えても今後民法上で明確に確立すべきではないでしょうか。

3) 親と子

親子関係には、自然的血縁関係のある実親子関係と法によって親子関係が擬制される法定親子関係(養親子関係)があります。実子には婚姻関係にある親から生まれた嫡出子と、そうでない非嫡出子があります。嫡出子には法律上、父母がありますが、非嫡出子には法律上、父がなく、父との関係は認知によって初めて発生します。

養親子関係は養子縁組届を市(区)町村長に提出することにより、成立します。養子制度には普通養子制度と特別養子制度があり、普通養子制度には家庭

裁判所の許可が必要な未成年養子と配偶者の同意が必要な成年養子があります。養子縁組の総数は減少傾向にあり，なかでも未成年養子は急激な減少を示しています。一方，里親の希望者は諸外国に比べると日本は少なく，家庭裁判所の許可も必要なこともあって，成年養子がかなり多く3分の2を占めています。これは「家のため・親のための養子」がまだ多く存在し，日本では「子のための養子」が少ないことがわかります。しかし「子のための養子」として日本においても社会的要請が高まり，1988年に「特別養子制度」ができました。これは図表3－2からもわかるように，普通養子とは大きく違っており，6歳までの乳幼児しか養子にはなれず，実親との関係は断たれ，離縁は例外的なもの以外は厳しく制限されています。養子をできるだけ実子に近づけ，子のため

図表3－2　特別養子と普通養子

	特　別　養　子	普　通　養　子
成　　　立	家庭裁判所の審判	当事者の合意にもとづく届出
成 立 条 件	子供の利益のために必要なものであること	な　　し
試験養育期間	6ヶ月以上	不　要
実父母の意思	原則として父母の同意が必要	15歳未満の養子につき，法定代理人の承諾と監護者の同意が必要
養　親　と な れ る 者	原則として25歳以上 婚姻中の者のみ	20歳以上 単身者も可
養　子　と な れ る 者	原則として6歳まで	養親より年長でないこと 養親の専属でないこと
実親との関係	断絶する（近親婚制限をのぞく）	継続，親権のみが養親にうつる
戸籍上の記載	長男・次女などと記載 養子であることが一見ではわからないようにする	養子と明記
離　　　縁	子の利益のために必要な場合にかぎり，裁判所の判断でみとめる	原則として自由 届出による離縁も可能

出典）有地亨監修『口語六法全書　親族相続法』自由国民社，1997年，p.91

の福祉を目的にした，まさに「子のための養子制度」といえます。

　親は実子，養子を問わず，未成年の子に対して養育や財産上の権利義務である親権をもっており，子どもは親の親権に従わなければいけません。その内容は「身上監護権」としては，① 監護・教育の権利と義務，② 居所指定権，③ 懲戒権，④ 職業許可権があげられます。「財産管理権」として ① 財産の管理と代表があげられています。この親権は父母の共同親権であり，共同行使です。父母の一方が死亡しているか，または共同行使ができない時は他方が単独親権者となり，離婚時には父母の一方を親権者と定めなければいけません。また非嫡出子は原則として母が単独親権者となることが決められています。児童虐待はまさにこの「子どもは親の親権に従わなければならない」という親権の濫用といえます。未成熟子の保育・監護・教育などの福祉増進が目的とされた「子のための親子法」の理念が実現されなければなりません。

4) 扶養と権利擁護

　扶養とは幼少・老齢・疾病・障害・失業などで自分の力で生活することができない人に対しての援助ですが，広い意味では公的扶養（公的扶助）と私的扶養に分けられます。公的扶養とは，憲法25条の生存権の保障である社会保障を受ける権利であり，さまざまな社会保障制度により生活が支えられています。その代表的なものが生活保護法といえます。これに対して私的扶養とは民法に規定された扶養をさします。民法では原則として直系血族および兄弟姉妹には扶養しあう義務があり，特別な事情があるときは3親等内の親族間にも扶養の義務があるとしています。扶養の順序や程度，方法については，当事者間の協議にまかせており，協議がまとまらない，できない場合は家庭裁判所の調停や審判で決められます（民法877条～879条）。これは一見合理的で柔軟にみえますが，明確な規定がないだけに，老親扶養などは年齢的に家庭裁判所の調停や審判にゆだねる時間がない場合が多く，あらかじめ扶養に関する取り決めをしておく必要があります。

　判断能力の欠如・減退した高齢者，知的障害者，精神障害者の生活と財産を

保護する制度として，成年後見制度が2000（平成12）年に開始されました。民法には従来，禁治産・準禁治産制度がありましたが，これには費用や時間がかかること，戸籍に記載されること，自己決定の尊重への配慮が乏しいなどの批判がありました。特に戸籍に記載されることで，親族の婚姻や就職に悪影響を及ぼすのではないかという社会的偏見が強く，使い勝手の悪い制度でした。これを改正して，新しい成年後見制度は個々の判断能力や保護の必要性に幅広く対応し，利用しやすい制度にしました。ひとつには，新たな法定後見として「補助」・「保佐」・「後見」の制度とし，旧法では保護の対象とならなかった軽度の精神障害に対応した「補助」の制度を設けたことです。またもうひとつは新しく自らの意思に基づき，将来の自分の後見事務について後見人と契約する任意後見制度ができたことです。これは本人と後見人が公正証書により本人の将来の後見につき契約を結び，後見が必要になった時に家庭裁判所が後見監督人を選任した時点で効力が生じるもので，後見の範囲や内容も本人が決めることができます（任意後見契約に関する法律）。法定後見と異なる点は，必ず任意後見人を監督する任意後見監督人がつくこと，また任意後見人には同意権・取消権がありません。それだけ本人の意思を尊重した制度といえます。図表3－3，図表3－4に成年後見制度の概要，補助・保佐・後見の制度につい

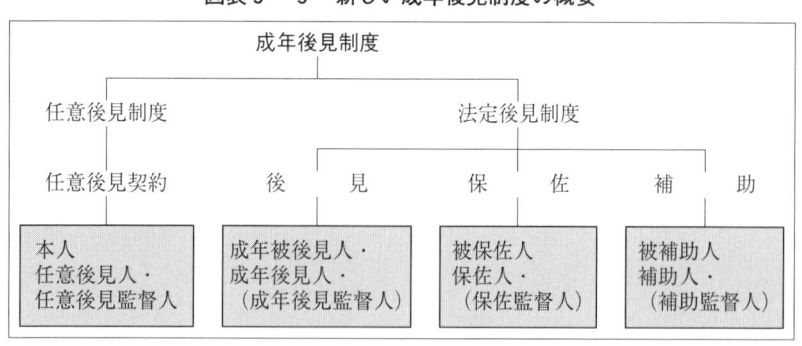

図表3－3　新しい成年後見制度の概要

```
                    成年後見制度
          ┌─────────┴─────────┐
      任意後見制度            法定後見制度
          │            ┌──────┼──────┐
      任意後見契約    後 見   保 佐   補 助
      ┌───────┐  ┌───────┐ ┌───────┐ ┌───────┐
      │本人      │  │成年被後見人│ │被保佐人  │ │被補助人  │
      │任意後見人・│  │成年後見人・│ │保佐人・  │ │補助人・  │
      │任意後見監督人│ │(成年後見監督人)│ │(保佐監督人)│ │(補助監督人)│
      └───────┘  └───────┘ └───────┘ └───────┘
```

出典）石原豊昭ほか『夫婦親子男女の法律知識』自由国民社，2002年，p.384

図表3－4　補助・保佐・後見の制度

		補助開始の審判	保佐開始の審判	後見開始の審判
要件	対象者（判断能力）	精神上の障害（痴呆知的障害・精神障害等）により事理を弁識する能力が不十分な者	精神上の障害により事理を弁識する能力が著しく不十分な者	精神上の障害により事理を弁識する能力を欠く常況にある者
開始の手続	申立権者	本人，配偶者，四親等内の親族，検察官等　任意後見受任者，任意後見人，任意後見監督人，市町村長		
	本人の同意	必　要	不　要	不　要
同意権・取消権	付与の対象	申立ての範囲内で家庭裁判所が定める「特定の法律行為」（民法12条1項所定の行為の一部）	民法12条1項所定の行為	日常生活に関する行為以外の行為
	付与の手続	補助開始の審判　同意権付与の審判　本人の同意必要	保佐開始の審判	後見開始の審判
	取消権者	本人・補助人	本人・保佐人	本人・成年後見人
代理権	付与の対象	申立の範囲内で家庭裁判所が定める「特定の法律行為」	申立の範囲内で家庭裁判所が定める「特定の法律行為」	財産に関するすべての法律行為
	付与の手続	補助開始の審判　代理権付与の審判　本人の同意必要	保佐開始の審判　代理権付与の審判　本人の同意必要	後見開始の審判
	本人の同意	必　要	必　要	不　要

出典）石原豊昭ほか『夫婦親子男女の法律知識』自由国民社，2002年，p.385

ての詳しい内容を示しました。高齢者を狙った悪質商法が増えたこともあり，利用者は少しずつ増えてきていますが（図表3－5），まだまだ制度自体が知られていないのが現状です。申立ての動機，申立人，成年後見人と本人との関係

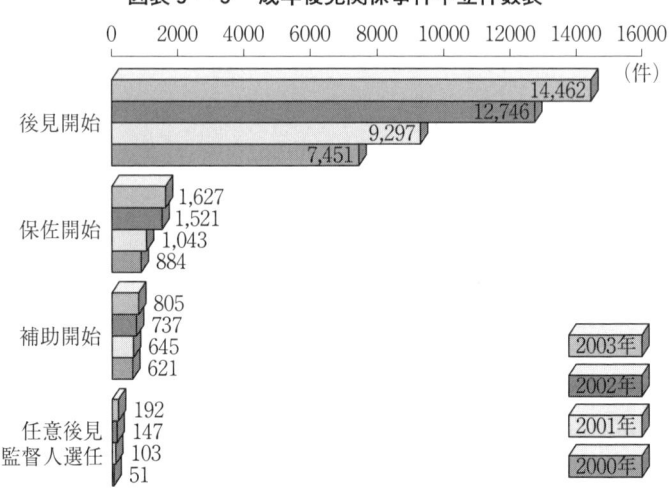

図表3－5　成年後見関係事件申立件数表

区分	2003年	2002年	2001年	2000年
後見開始	14,462	12,746	9,297	7,451
保佐開始	1,627	1,521	1,043	884
補助開始	805	737	645	621
任意後見監督人選任	192	147	103	51

最高裁調べ。各年の件数は，それぞれ当該年の4月から翌年3月までに申立てのあった件数である。
出典）利谷信義『家族の法』有斐閣，2005年，p.215

などの現況は図のようになっています（図表3－6～図表3－8）。旧法ではまず配偶者が後見人に選ばれていました。しかし新制度では法人も成年後見人になることができ，司法書士を中心とする成年後見センター・リーガルサポートや社会福祉協議会などが任命されています。今後は経済的な余裕のない人のために，費用を介護保険でまかなうことや，生活保護を受けている人への助成など費用の面，後見人を広く第三者である市民から募集する「市民後見人制度」などが提案されています。成年後見制度は単に財産を守るだけでなく，人間の尊厳を守るための制度です。今後高齢化に伴い重要性も増すことも考え，早急な充実を図ることが望まれます。

5）相続

人の死亡により，一定の人がその死者の財産上の権利義務を受け継ぐことを相続といいます。民法では相続される人を「被相続人」，相続権を持ち相続する人を「相続人」といい被相続人の死亡により，相続は開始され，相続開始の

図表3－6　成年後見関係事件における申立人と本人との関係別割合（2003年度）

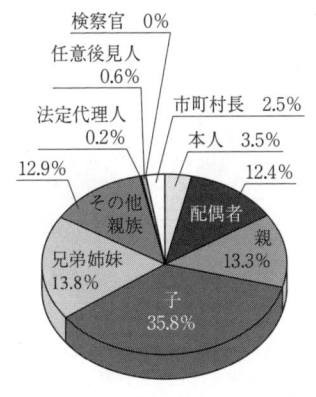

- 検察官　0%
- 任意後見人　0.6%
- 法定代理人　0.2%
- その他親族　12.9%
- 市町村長　2.5%
- 本人　3.5%
- 配偶者　12.4%
- 親　13.3%
- 兄弟姉妹　13.8%
- 子　35.8%

最高裁調べ。後見開始，保佐開始，補助開始及び任意後見監督人選任事件の終局事件を対象とした
出典）図表3－5に同じ，pp. 216－217

図表3－7　成年後見関係事件における申立ての動機別割合（2003年度）

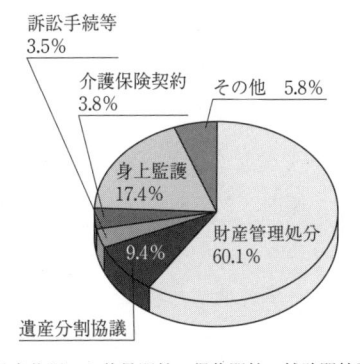

- 訴訟手続等　3.5%
- 介護保険契約　3.8%
- その他　5.8%
- 身上監護　17.4%
- 遺産分割協議　9.4%
- 財産管理処分　60.1%

最高裁調べ。後見開始，保佐開始，補助開始及び任意後見監督人選任事件の終局事件を対象とした
出典）図表3－5に同じ

場所は被相続人の住所地で，相続をめぐる争いの解決は住所地を管轄する家庭裁判所とされています（民法882，883条）。被相続人に遺言があれば，遺言相続になりますが，ない場合は「法定相続」といって民法の定める相続順位と相続分に従って相続されます。

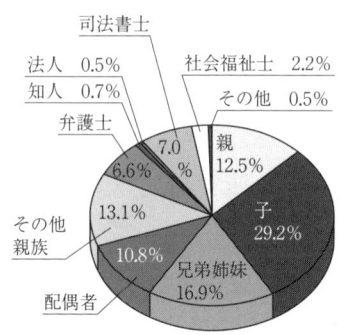

図表 3 − 8　成年後見人等と本人の関係別割合（2003年度）

司法書士　7.0%
法人　0.5%
知人　0.7%
弁護士　6.6%
社会福祉士　2.2%
その他　0.5%
親　12.5%
子　29.2%
兄弟姉妹　16.9%
配偶者　10.8%
その他親族　13.1%

最高裁調べ。後見開始，保佐開始，補助開始事件のうち，認容で終局したものを対象とした
出典）図表 3 − 5 に同じ

① 法定相続

法定相続には，相続人に 3 つの選択肢があります。① 単純承認―相続人は無条件で被相続人の債務を含む全財産を承認する。② 限定承認―被相続人が債務超過に陥っているおそれがあるとき債務弁済を相続財産（積極財産）の中で行うことを承認する。相続人が複数いれば全員共同で限定承認する。③ 相続放棄―これをすると相続人ではなくなり，他の相続人の相続分が増加する。この 3 つのどれを選ぶかは，原則として相続が開始してから 3 ヶ月以内に家庭裁判所に申し出なければなりません。この期間を延ばすこともできますが，何もしないでこの期間を過ぎると単純承認とされ，被相続人に債務超過があれば膨大な債務を背負うことになりかねません。そのためにも相続人は相続財産の調査をすることができるとされています（民法915条）。

a ）法定相続人の範囲と相続順位

配偶者は常に相続人になり，血縁相続人は第一順位が子どもであり，子どもが亡くなっていないときは孫（さらに曾孫など直系卑属）になります。第二順位は最も近い直系尊属（父母・祖父母など）で，第三順位は兄弟姉妹，兄弟姉妹が亡くなっていないときは甥・姪となっています。このように孫や甥・姪が

代わって相続をすることを代襲相続といいます。また相続人が被相続人や他の相続人を殺したり，遺言について不正行為をした場合などには相続権は失われます（相続欠格，民法891条）。

　b）相続分

　相続人の組み合わせにより　① 配偶者2分の1，直系卑属（子，孫など）2分の1　② 配偶者3分の2，直系尊属（父母，祖父母など）3分の1　③ 配偶者4分の3，兄弟姉妹4分の1となっています。同じ順位の相続人が複数いるときは，その間で均等分割し，代襲相続人はそのまま相続分を受け継ぎます。ただし非嫡出子の相続分は嫡出子の2分の1とされています。また相続人の中で故人から生前に不動産や結婚資金など，他の相続人より特別に財産をもらっている場合これを「特別受益」といい，また故人の財産の増加や維持に特別に寄与された財産があればそれを「寄与分」といいます。これらはいずれも相続人間に不公平が生じないように相続分が調整措置されることになっています。

② 遺言相続

　戦前の厳格な家督相続制度のもとでは，遺言の必要性が少なく，遺言はあまり利用されていませんでしたが，最近の家族関係の多様化・複雑化に対応して，相続紛争を避けるためにも遺言による相続が増加してきています。民法において内容，効力，執行など厳しく決められています。遺言は遺言者の意思の尊重が原則であり，遺言で決められる事項は範囲が限定されており，その範囲外のことは意味をもたず，決められた方式を守らない遺言は無効になります。また遺言があれば法定相続より優先されますので，遺族の生活や利益を守るためにも配偶者・子・直系尊属に対しては法定相続分の一部を残しておく「遺留分」の制度が設けられています。遺言には通常の生活をしているときに用いる普通方式の遺言と緊急事態の下（臨終の時など）で認められている特別方式の遺言があります。ここでは一般的な普通方式の遺言を簡単に説明しておきます。これには遺言書を自分ひとりで作る「自筆証書遺言」・公証人に作成してもらう「公正証書遺言」・自分で遺言書を作って封をし，公証人が遺言がなされたこ

とを証明する「秘密証書遺言」の3種類あります。自筆証書遺言は自分だけで作成できる点でとても便利ですが、それだけに「自書」であるための厳重な手続きが要求され、変造や偽造の危険があり、保存についても注意が必要になってきます。それに対して費用はかかり、立会人が必要など面倒ですが、公正証書遺言は偽造・変造・破棄のおそれはありません。いずれにしても遺言の自由は保障されていますので、自分に合った遺言を利用したいものです。

6）家族法改正への動き

戦後半世紀以上が経ち、家族は「家」から「夫婦と子」へ、さらに「個」を重視する方向へと変化してきたといえます。それに合わせて現行家族法の見直しが進められ、1996年「民法の一部を改正する法律案要綱」（民法改正要綱）が出されました。改正の主な内容は次のようになっています。① 婚姻適齢を男女とも18歳にする。② 女性の再婚禁止期間を100日に短縮する。③ 夫婦の氏について選択的別姓を導入し、夫婦別姓も選べるようにする。④ 父母は協議離婚の時、子の監護者、子との面会、交流、子の監護の費用など、監護に関する必要事項を定める。⑤ 離婚後の財産分与に関して各自の寄与の程度が不明のときは等しいものとする。⑥ 裁判離婚の原因に5年以上継続して別居していることを加える。⑦ 非嫡出子の相続分を嫡出子と同じにする。となっています。個人の尊重と女性の自立、子どもの福祉をよりいっそう目指した改正になっています。しかし、その後夫婦別姓に対する反対論などがあり、改正法案の国会提出は、まだめどが立っていません。「個」の重視は家族崩壊を招くとの危惧もあり、むしろ改正の流れは後退しているように思われます。あらためて憲法24条の個人の尊厳と両性の平等の理念を生かすためにも今後の再検討が待たれるところです。

参考文献

- 利谷信義『家族の法　第2版』有斐閣, 2005年
- 二宮周平『変わる「家族法」』かもがわブックレット㉑かもがわ出版, 1996年
- 好美清光・九貫忠彦・米倉明編著『民法読本3 親族法・相続法』有斐閣選書,

有斐閣，1993年
・有地　亨監修『口語六法全書　親族相続法』自由国民社，1997年
・中川　淳『現代家族の法学』日本加除出版，2000年
・中川英子編『介護福祉のための家政学』建帛社，2004年
・『夫婦親子男女の法律知識』自由国民社，2002年
・福島瑞穂『結婚と家族』岩波新書207，岩波書店，1992年

2　児童福祉法

　私たち人類は，これまでに幾多の戦争を繰り返してきました。そのたびごとに，戦争の犠牲となることが多い子どもたちの幸せを願って，さまざまなアクションが国際的に展開されてきました。我が国においては，戦禍著しかった第2次世界大戦後に，「子どもたちの福祉を国家が保障するように」という他国からの指導のもとで，児童福祉法を制定することとなりました。

　この法律は，日本にいるすべての子どもたちが「心身ともに健やかに生まれ，且つ育成される」（児童福祉法第2条）ことを目指して，保護者とともに，国及び地方公共団体が活動していくことを定めたものです。全部で72の条文から成る法律で，第1章で理念のほか，児童相談所や児童福祉司等，子ども家庭福祉に固有の用語や機関，職員について規定をし，第2章で，誰がどのような対象者にどのようなサービスを給付するのかについて（たとえば，市町村が子育て家庭に対して子育て支援サービスを給付する旨が記されています），そして第3章では，サービスが供給されるための資源（たとえば，子育て支援サービスの一つである放課後児童健全育成事業について，社会福祉法人その他の者が供給資源となることが記されています）が列挙されています。第4章には費用に関すること，第5章に雑則，第6章に罰則に関する規定が盛り込まれています。これらすべてを確認していく余裕はありませんので，「子どもたちが生活する場である家庭に関してどのようなサービスが用意されているのか」という観点から，その内容を4つに整理していきましょう。

1）家庭に代替するサービス

　保護者が死亡したり，適切な子育てをすることができなかったりすることにより，私たちの多くと同じようには家庭という場が保障されない子どもたちが，日本にも少なからずいます。そうした子どもたちのために，昔は慈善事業家が，戦後は国が親代わりとなって，生活の場を保障することがなされてきました。現在の児童福祉法で規定されている，乳児院，児童養護施設，里親を資源として，こういったサービスが給付されています。

　また，ほかにも，障害がきわめて重いために，1日中医療的ケアが必要な子どもの場合，そうしたケアを提供できない家庭で育つことは一般的にはむずかしいといわざるをえません。そうした子ども側の条件があって，家庭で保護者がケアするのは難しい場合だろうというときには，やはり国が子どもの心身ともに健やかな成長のため，子どもにあった家庭を提供することがなされています。知的障害児施設，情緒障害児短期治療施設，児童自立支援施設を資源とするサービスがこれに該当します。

　ただし，これらサービスの運用にあたっては，完全に保護者から引き離してしまうのではなく，一時帰宅を実施するなどの家庭復帰に向けた工夫をすることが必要であると考えられるようになっています。

2）家庭を補完するサービス

　家庭を補完するサービスとは，生活の場そのものを変えてしまうほどではありませんが，一日のうちのある一定の時間や数日間に限って，家庭に代わる場や保護者に代わる者を保障するサービスです。

　代表的なものとして，保育サービスがあります。保護者が日中働いていたり，介護で手一杯だったりする場合，その時間帯を補うようにして子どもの生活の場を保障することが大事になってきます。そのため，そうした家庭を支える保護者の事情によって「保育に欠ける」事態が生じるとき，児童福祉法では保育の実施がなされるよう，市町村に義務付けています。

　ただ，この補完的サービスは，近年では，次に述べる支援サービスの一環と

して捉えられるようになっています。すなわち，いわゆる共働きを当たり前のこととして認識し，そうした家庭であっても安心して子どもが育てられるようにするためのひとつの支援メニューとして保育サービスを考えるようになっているということです。実際，学齢期の子どもたちへの保育サービスである放課後児童健全育成事業は，子育て支援サービスの1メニューとして考えられています。

3) 家庭を支援するサービス

近年，最も施策の展開が著しい領域です。この領域のサービスが注目される理由として，学齢期前の子どもたちの多くが在宅で保護者とともに過ごしているということがあげられます。

従来，こうした家庭に向けた福祉サービスは，障害児の居宅支援を除いて，ほとんど用意されてきませんでした。しかし，少子化や子ども虐待の社会問題化に伴い，「もっと子どもを生み育てることが楽しめるような社会にしよう」と，さまざまな施策が講じられるようになったのです。児童福祉法においては，平成14年の改正において子育て支援事業が法定化され，「保護者からの相談に応じ，情報の提供及び助言を行う事業」「保育所等において児童の養育を支援する事業」「居宅において児童の養育を支援する事業」の実施に必要な措置を講じることが，市町村に義務付けられるようになっています。

4) 子どもたちの福祉を普及，増進するサービス

私たちの生活を省みれば，今までみてきた代替的・補完的・支援サービスを必要としなくても，子どもの心身ともに健やかな成長が達成されていることに気付くでしょう。しかし，そのようなときであっても，児童福祉法においては，子どもたちの福祉のさらなる増進を目的としたサービスを用意しています。

代表的なものが，児童厚生施設を資源としたサービスです。この施設では，家庭ではなかなかできない集団を媒介とする遊びや，屋外での遊びを安全に展開することを行っています。また，子どもの成長に栄養となると思われる児童文化財の推薦などが，児童福祉法に規定される児童福祉審議会を通して行われ

ています。

　以上のように，児童福祉法においては大きくわけて4種類のサービスが用意されていますが，傾向としては，保護者が養育責任を果たせなくなって初めて提供されるサービスよりも，保護者が養育責任を果たせるように，問題発生以前から積極的に施策を講じていくことが重視されるようになっています。また，従来，都道府県が家庭からの相談を受けてサービス提供することが多かったのですが，子育て支援サービスが強調されるに至り，市町村の相談調整機能が児童福祉法に織り込まれるということも起きてきています。

参考文献
・網野武博『児童福祉学＜子ども主体＞への学際的アプローチ』中央法規，2002年
・厚生省児童家庭局企画課監修『ビジュアル　子どもと家庭』全国社会福祉協議会，1997年

3．社会福祉関連法

　社会福祉関連の法律として，福祉全体の共通事項を定めた社会福祉法があります。そこでは，社会福祉に関する事業の位置づけや社会福祉に関する審議会，福祉事務所，社会福祉法人に関する規定などが定められていますが，実際の社会福祉の実施に関しては6つの法律（これを総称して福祉六法という）によって運用されています。以下，それぞれの法律について，概要をみていきましょう。

1）生活保護法

　生活保護法は，日本国憲法第25条の「国民は，健康で文化的な最低限度の生活を営む権利を有する」という理念に基づき，国民の生存権を保障するために昭和25（1950）年に定められた法律です。

　この法律では，生活が困窮に陥った国民に対し，8つの扶助により保護することが規定されています。① 生活扶助，② 住宅扶助，③ 教育扶助，④ 医療

扶助，⑤ 介護扶助，⑥ 出産扶助，⑦ 生業扶助，⑧ 葬祭扶助です。これらの扶助を金銭によって実施する場合を「金銭給付」といい，医療などのサービスや物品を給付する場合を「現物給付」といいます。

また，生活保護には4つの基本原理が定められています。

① 国家責任の原理

生活に困窮した国民の保護を，国が直接その責任において実施する。

② 無差別平等の原理

すべての国民は，この法律により保護を無差別平等に受けることができる。

③ 最低生活保障の原理

この法律で保障される最低限度の生活は，健康で文化的な生活水準を維持することができるものでなければならない。

④ 補足性の原理

生活に困窮する者がその利用し得る資産，能力その他あらゆるものを，その最低限度の生活のため活用することを要件とし，また，民法に定める扶養義務者の扶養および他の法律に定める扶助は，すべてこの法律による保護に優先して行わなければならない。

生活保護を受けるためには，本人または同居の親族が，居住地域の役場の福祉課または民生委員に申請することが必要です。

2）身体障害者福祉法

身体障害者福祉法は，身体障害者の自立と社会参加を促進するために，必要な援助と保護を行う施策を定めた法律で，昭和24（1949）年に成立しました。過去長い間，身体障害者への施設サービスは福祉事務所において行われてきましたが，平成5（1993）年より市町村で行うことになり，身体障害者居宅介護等の在宅サービス，身体障害者更生施設等の施設サービスとも市町村で一元的に行われています。

また，平成15（2003）年度より，施設サービス，在宅サービスともに措置制度から，利用者が福祉サービスの提供者と直接契約し，市町村が利用者に対し

支援費を支給する方式（支援費制度）に改まりました。つまり，障害者福祉サービスの利用について支援費の支給を希望する場合は，都道府県知事の指定したサービス事業者や施設に対して直接に利用の申込みを行うとともに，市町村に支給の申請を行う，という手続きが必要です。

3）知的障害者福祉法

知的障害者福祉法は，知的障害者の更生の援助と必要な保護を行い，その福祉を増進することを目的として，昭和35（1960）年に成立しました。かつては「精神薄弱」という用語が使われていましたが，平成10（1998）年の「精神薄弱の用語の整理のための関係法律の一部を改正する法律」により，現在では「知的障害」という言葉に統一されました。

また，身体障害者福祉と同様，平成15（2003）年度より，措置制度から支援費制度に改正され，基本的には支援費制度と事業費補助方式によりサービスが提供されることになっています。

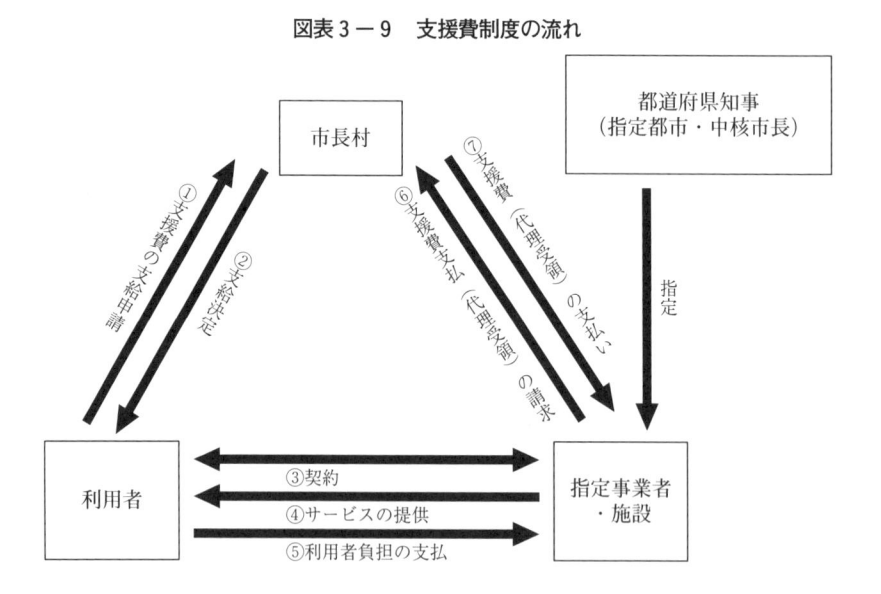

図表3－9　支援費制度の流れ

```
                    市長村
                   /     \
                  ①②     ⑥⑦
                 /           \
            利用者 ――③契約――→ 指定事業者・施設
                 ←―④サービスの提供―
                 ―⑤利用者負担の支払→

        都道府県知事（指定都市・中核市長）――指定――→指定事業者・施設

   ①支援費の支給申請
   ②支給決定
   ③契約
   ④サービスの提供
   ⑤利用者負担の支払
   ⑥支援費支払（代理受領）の請求
   ⑦支援費（代理受領）の支払い
```

4）老人福祉法

老人福祉法は「老人への敬愛と老人が生きがいを持てる健全で安らかな生活の保障」という老人に対する原理を示し，老人の心身の健康と生活の安定を目的として，昭和38（1963）年に成立しました。

高齢社会の現在，特に高齢者の保健・医療・福祉の統合が進められており，平成5（1993）年より，高齢者施設等などの入所措置が町村に移され，施設福祉と在宅福祉が市町村に一元化されました。

また，平成9（1997）年に介護保険法が成立し，高齢者福祉サービスの利用にも契約制度が導入されました。同時に老人福祉法も改正されて，その具体的内容の多くは介護保険制度へ移行しました。老人福祉法による福祉の措置は，やむを得ない事由により，介護保険法に規定する在宅・施設サービスを利用することが著しく困難であると認められるときに限られることになりました。老人福祉法では，福祉の措置と介護保険サービス，インフォーマルサービスなどとの連携及び調整を図る等，地域の実情に応じた体制の整備に努めなければならないと規定されています。

5）母子及び寡婦福祉法

母子及び寡婦福祉法は，母子家庭や寡婦の生活の安定と向上のために必要な措置を講じてその福祉を図ることを目的に昭和39（1964）年に制定されました。当時は「母子福祉法」だったのですが，子どもが成人したあとの寡婦（かつて母子家庭の母であったが子どもが成人または死亡した，配偶者のいない女性のこと）の生活も不安定なことが多く，昭和56（1981）年に改正されて，現在の名称となりました。

この法律の理念は，すべての母子家庭の児童が，その置かれている環境にかかわらず，心身ともに健やかに育成されることと，その母が健康で文化的な生活を保障されることです。そのために母子（寡婦）福祉資金貸し付け，母子家庭就業支援，ホームヘルパーの派遣などが行われています。

平成9（1997）年の児童福祉法の改正に伴い，母子家庭の自立支援が打ち出

され，かつての「母子寮」は「母子生活支援施設」と名前が変わりました。

　以上の5つの法律と，児童福祉法（前節に記載）を合わせて，社会福祉六法といいます。

参考文献
　・福祉士養成講座編集委員会『社会福祉士養成講座1　社会福祉原論　第3版』
　　中央法規，2005年
　・山縣文治『よくわかる子ども家庭福祉』ミネルヴァ書房，2002年
　・鈴木牧夫『子どもの権利条約と保育・子どもらしさを育むために』新読書社，
　　2005年

4．その他の法律や政策

1）男女共同参画社会基本法

　男女共同参画社会基本法は，男女共同参画社会の実現のための基本的考え方と，国や地方自治体と国民，それぞれの役割と責任を定めたもので，平成11(1999)年6月に公布，翌年施行されたばかりの比較的新しい法律です。

　この法律では，男女共同参画社会とは，「男女が，社会の対等な構成員として，自らの意思によって社会のあらゆる分野の活動に参画する機会が確保され，もって男女が均等に政治的，経済的，社会的及び文化的利益を享受することができ，かつ，共に責任を担うべき社会」であると定義がされています。

　そして，そのような社会を形成するための5つの基本理念として，
　① 男女の人権の尊重
　② 社会における制度または慣行についての配慮
　③ 政策などの立案および決定への共同参画
　④ 家庭生活における活動と他の活動の両立
　⑤ 国際的協調
を掲げています。以下，例を挙げて解説します。
　①「男女の人権の尊重」とは，女性に対する差別や暴力がなくなり，すべて

の人が自らの存在に誇りがもてるようにすることです。たとえば，性別に起因する嫌がらせ（セクシャル・ハラスメント）を受けないことなども含まれます。

② 「社会における制度または慣行についての配慮」とは，「男は仕事，女は家庭」という日本の社会の長い間の慣習に基づく制度（配偶者の税金や年金の優遇制度など）を，今後，見直していこうとするものです。

③ 「政策などの立案および決定への共同参画」とは，たとえば国や地方公共団体，企業，PTA，各種団体において，男性も女性も政策の立案の段階からかかわり，決定段階でも平等に発言できることをいっています。

④ 「家庭生活における活動と他の活動の両立」とは，従来の子育てや介護などを含めた家事の大部分を女性だけが担ってきた現状から脱却し，男女ともに，家庭，仕事，地域活動などを両立させることを目指したものです。

⑤ 「国際的協調」とは，たとえば「女子差別撤廃条約」や国連の「女性2000年会議」など，国際的な条約や国際会議の動向を日本の男女共同参画社会の形成に生かしていくという趣旨です。

2）ドメスティック・バイオレンス防止法（DV防止法）

DV防止法は，平成13（2001）年4月13日に成立し，同年10月施行されました。正式な法律名は「配偶者からの暴力の防止及び被害者の保護に関する法律」といいます。夫や事実婚の相手からの暴力は，長い間「夫婦ゲンカ」や「男女のもつれ」として，私的な関係で行われる行為だと考えられてきましたが，この法律によって，はっきり「犯罪」として規定されました。それに基づき，DV防止法では次のようなことが定められました。

① DV対応のための法的なしくみの整備

国・地方公共団体は，配偶者からの暴力を防止し，被害者を保護する責任があるとしました。そして県には，配偶者暴力相談支援センターを設けることとされました。また，警察は，暴力が行われていると認められるとき，暴力の制止，被害者の保護，そのほか暴力被害の発生を防止するための措置をとります。

② 保護命令

生命や身体に重大な危害を受けるおそれが大きいとき，被害者は地方裁判所に申し立てを行い，配偶者に対して6か月間付きまとわれないこと（これを接近禁止命令といいます）や2週間の住居からの退去を命じること（これを保護命令といいます）を命じてもらうことができます。保護命令に違反した者には，1年以下の懲役または100万円以下の罰金に処せられます。

③ 通報

DVの被害を知ったとき，国民は警察や自治体などへ通報する努力をすることが義務付けられました。特に被害者のケガなどを知ることができる医師は，被害者の意思を尊重した上で，通報できることを規定しています。

DV防止法は，2004年（平成16）年6月に改正されました。主な内容は，身体的な暴力だけでなく，心身に有害な影響を及ぼす言動も対象となったこと，離婚後（事実婚の解消後）も引き続いて暴力を受ける場合も対象となったこと，被害者と同居する子についても接近禁止命令を出すことができるようになったこと，国籍や障害の有無を問わず被害者の人権を尊重し安全の確保に配慮することなどが盛り込まれました。さらに，都道府県だけでなく，市町村でも配偶者暴力相談支援センターの機能を果たすことができることになったこと，配偶者暴力相談支援センターは必要に応じて民間団体との連携に努めること，国及び地方公共団体の責務として被害者の自立支援を含む被害者の保護をすることなどが，明記されています。

参考文献
・吉澤英子・西郷泰行『児童家庭福祉論』光生館，2003年
・山田秀雄『Q&A　ドメスティック・バイオレンス法　児童虐待防止法　解説　第2版』三省堂，2004年

図表 3-10　次世代育成支援対策時代へ

1989年	＊少子化が社会問題として取り上げられる（1.57ショック）。	子育てを中心とした支援
1994年	「エンゼルプラン」	
1999年	「新エンゼルプラン」	↓
2003年	＊新エンゼルプランであげた目標数値は，ほぼ目標数値に到達したにもかかわらず，合計特殊出生率は過去最低の1.29となった「次世代育成支援対策推進法」など	「次世代育成支援」として新たな視点の追加
2004年	「子ども子育て応援プラン」	

3）子育て支援対策：次世代育成支援対策推進時代へ

① エンゼルプラン

　子育ては家庭でするものという考えから，「社会が支えていく」ことに本格的な取り組みがなされるようになったのは，合計特殊出生率（一人の女性が生涯に産む子どもの数）が1989年に1.57となり，「1.57ショック」として少子化が社会問題として取り上げられたからです。

　以上のような子育て環境・児童の育ちをめぐる状況から，国における次世代育成支援対策として，1994年12月に「エンゼルプラン」を発表しました。子育て支援の基本的な土台というべき対策です。それと同時に「緊急保育対策等5か年事業」が策定され，少子化対策を基本におき，子育て支援社会を作り上げる初期の取り組みが示されました。

② 新エンゼルプラン

　新エンゼルプランは，エンゼルプランが子育て支援の基本的対策の土台だとすると，その後5年の具体的計画としての目標数字を上げられたものです。これは，少子化対策推進関係閣僚会議が発表した「少子化対策推進基本方針」の6項目にわたる具体的な施策の内容が，新エンゼルプランの「重点的に推進すべき少子化対策の具体的実施計画について」としてまとめられたプランです。これは大蔵・文部・厚生・労働・建設・自治の六大臣が合意して1999年12月

図表3-11 これまでの少子化対策

○ 平成7年度からエンゼルプラン、平成12年度から新エンゼルプランに基づき、保育関係事業を中心に具体的な目標を掲げて、計画的な整備に取り組む。

○ エンゼルプラン（平成7年度～11年度）

・文部、厚生、労働、建設の4大臣合意により平成6年12月に策定

・同時にエンゼルプランの施策の具体化の一環として、大蔵、厚生、自治の3大臣合意により、保育事業についての具体的な数値目標を定めた「緊急保育対策等5か年事業」を策定

○ 新エンゼルプラン（平成12年度～16年度）

・「少子化対策推進基本方針」（関係閣僚会議決定）に基づく重点施策の具体的な実施計画として、大蔵、文部、厚生、労働、建設、自治の6大臣合意により平成11年12月に策定

・保育所受入れ児童数については、平成14年度から「待機児童ゼロ作戦」により上積みして拡大

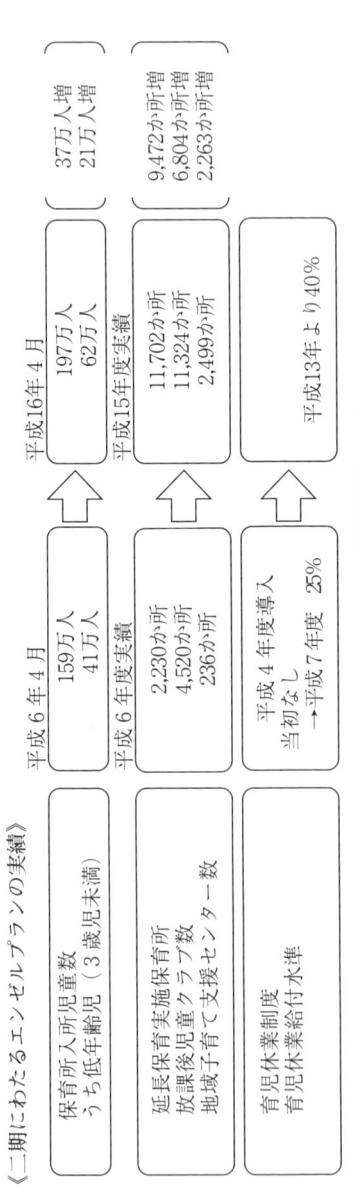

《二期にわたるエンゼルプランの実績》

	平成6年4月		平成16年4月	
保育所入所児童数 うち低年齢児（3歳児未満）	159万人 4175人	⇒	197万人 62万人	37万人増 21万人増
	平成6年度実績		平成15年度実績	
延長保育実施保育所 放課後児童クラブ数 地域子育て支援センター数	2,230か所 4,520か所 236か所	⇒	11,702か所 11,324か所 2,499か所	9,472か所増 6,804か所増 2,263か所増
育児休業制度 育児休業給付水準	平成4年度導入 当初なし →平成7年度 25%	⇒	平成13年より40%	

出典）全国保育士養成協議会「会報 保育士養成」平成17年8月、No.50、総会特集号、p.68

図表3-12 新エンゼルプランで目標を掲げた事業の推捗状況

	平成12年度	13年度	14年度	15年度	16年度(予算)	目標値
低年齢児受入の拡大	59.3万人	62.4万人	64.6万人	67.1万人	(70.4万人)	68万人
延長保育の推進	8,052か所	9,431か所	10,600か所	11,702か所	(13,100か所)	10,000か所
休日保育の推進	152か所	271か所	354か所	525か所	(750か所)	300か所
乳幼児健康支援一時預かり事業の推進	132市町村	206市町村	251市町村	307市町村	(500市町村)	500市町村
地域子育て支援センターの推進	1,376か所	1,791か所	2,168か所	2,499か所	(3,000か所)	3,000か所
一時保育の推進	1,700か所	3,068か所	4,178か所	4,959か所	(5,000か所)	3,000か所
ファミリー・サポート・センターの整備	116か所	193か所	262か所	301か所	(385か所)	180か所
放課後児童クラブの推進	9,401か所	9,873か所	10,606か所	11,324か所	(12,400か所)	11,500か所
フレーフレー・テレフォン事業の整備	39都道府県	43都道府県	47都道府県	47都道府県	(47都道府県)	47都道府県
再就職希望登録者支援事業の整備	24都道府県	33都道府県	47都道府県	47都道府県	(47都道府県)	47都道府県
周産期医療ネットワークの整備	14都道府県	16都道府県	20都道府県	24都道府県	(47都道府県)	47都道府県
小児救急医療支援事業の推進	51地区	74地区	112地区	158地区	(300地区)	360地区(2次医療圏)
不妊専門相談センターの整備	18か所	24か所	28か所	36か所	(47か所)	47か所
子どもと放送局の推進	1,606か所	1,894か所	2,093か所	2,212か所	—	5,000か所程度
総合学科の設置促進	144校	163校	186校	220校	—	500校程度
中高一貫教育校の設置促進	17校	51校	73校	118校	—	500校程度

出典) 全国保育士養成協議会『会報 保育士養成』平成17年8月, No.50, 総会特集号, p.59

図表3－13　次世代育成支援対策の推進

○　昨年成立した「少子化社会対策基本法」と「次世代育成支援対策推進法」によって，各種の施策を総合的に推進する枠組みが整備。

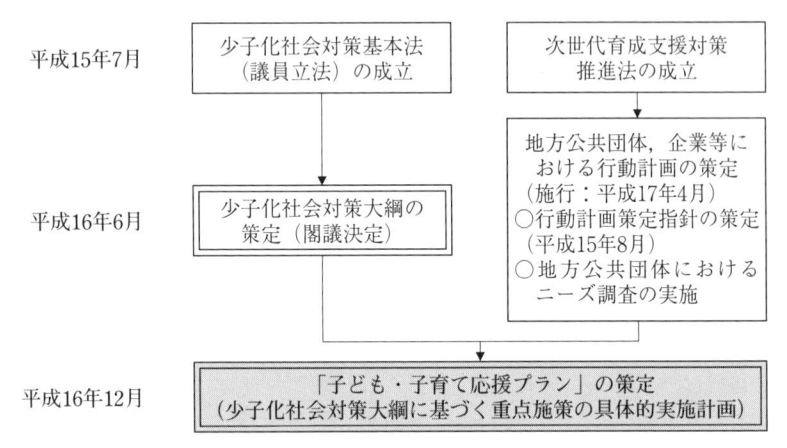

平成15年7月
- 少子化社会対策基本法（議員立法）の成立
- 次世代育成支援対策推進法の成立

平成16年6月
- 少子化社会対策大綱の策定（閣議決定）
- 地方公共団体，企業等における行動計画の策定（施行：平成17年4月）
- ○行動計画策定指針の策定（平成15年8月）
- ○地方公共団体におけるニーズ調査の実施

平成16年12月
- 「子ども・子育て応援プラン」の策定（少子化社会対策大綱に基づく重点施策の具体的実施計画）

出典）全国保育士養成協議会『会報 保育士養成』平成17年8月，No.50，総会特集号，p.77

にまとめられました。新エンゼルプランの主な内容は，1．保育サービス等子育て支援のサービスの充実，2．仕事と子育ての両立のための雇用関係の整備，3．働き方についての固定的な性別分業や職場優先の企業風土の是正，4．母子保健医療体制の整備，5．地域で子どもを育てる教育環境の整備，6．子どもたちがのびのび育つ教育環境の実現，7．教育に伴う経済的負担の軽減，8．住まいづくりやまちづくりによる子育ての支援の8項目が上げられました。

新エンゼルプランは保育や福祉のみならず労働や教育などの分野にも整備内容に盛り込まれています。また，地域で子どもを育てる教育環境の整備の内容に，幼稚園における地域の幼児教育センターとしての機能等の充実が上げられました。

③　次世代育成支援対策の推進

政府が新エンゼルプランであげた目標数値は，2003（平成15）年度でほぼ目標数値に到達したにもかかわらず，1999年に合計特殊出生率が1.34だったのが，

第3章 家庭福祉に関する法律　105

図表3−14　地域子育て支援のネットワーク

――――　はボランティア

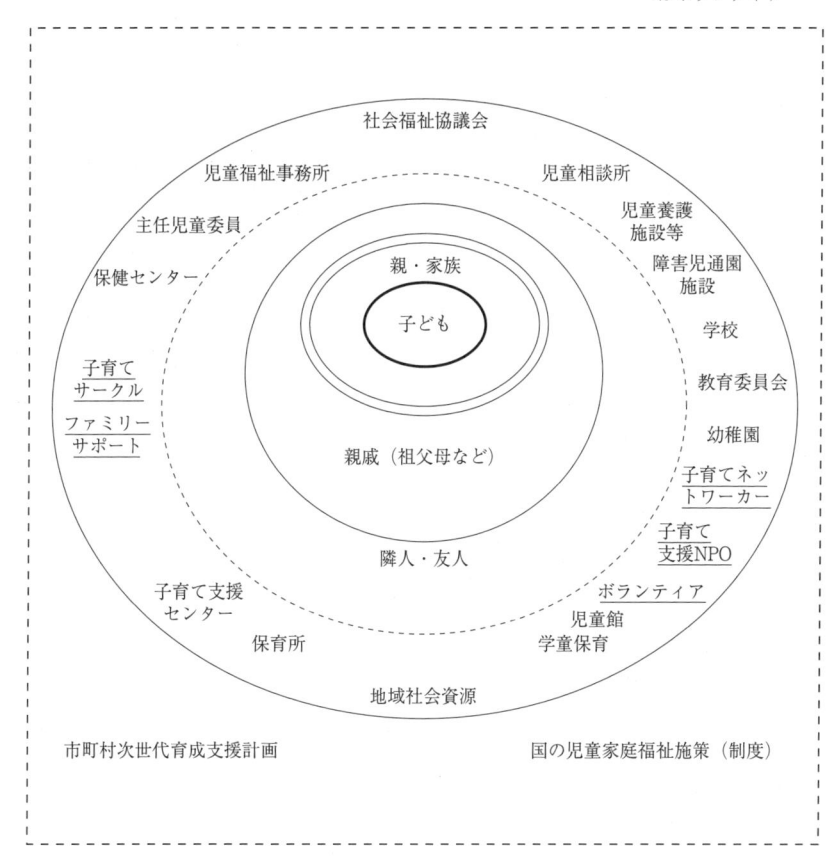

（図）
- 中心：子ども
- 親・家族
- 親戚（祖父母など）
- 隣人・友人
- 社会福祉協議会
- 児童福祉事務所
- 児童相談所
- 主任児童委員
- 児童養護施設等
- 保健センター
- 障害児通園施設
- 学校
- 教育委員会
- 幼稚園
- 子育てサークル
- ファミリーサポート
- 子育てネットワーカー
- 子育て支援NPO
- ボランティア
- 児童館
- 学童保育
- 子育て支援センター
- 保育所
- 地域社会資源
- 市町村次世代育成支援計画
- 国の児童家庭福祉施策（制度）

出典）白石淑江「保育士養成課程を考える（2）−地域・家族援助の理解を深める養成を考える−」全国保育士養成協議会「子育ち・子育ての変容と保育士養成　−変わりゆくこと，変わらないこと−」平成17年度全国保育士養成セミナー　全国保育士養成協議会第44回研究大会，p.68

2003年には1.29，2004年には1.28となってしまいました。

　新エンゼルプランでは，プランの内容が着実に進み，利用者にも十分受け入れられたにもかかわらず，少子化対策という根本問題の解決には至りませんで

した。

　ア．少子化社会対策基本法

　こうした背景をもとに，2003年7月に成立した少子化社会対策基本法において，少子化に対処するための施策の指針として，少子化社会対策大綱をうちだしました。① 若者の自立とたくましい子どもの育ち，② 仕事と家庭の両立支援と働き方の見直し，③ 生命の大切さ，家庭の役割等についての理解，④ 子育ての新たな支え合いと連帯の4つの重点課題が上げられました。

　イ．次世代育成支援対策法

　次世代育成支援対策法の中心的なものは，2005年から10年間にわたる地方自治体や企業が策定する行動計画です。

　地域自治体に求められる施策（地域行動計画）は，児童育成計画（地方版エンゼルプラン）といい，すべての自治体に策定が義務づけられました。子育て支援に関するニーズの調査や，できる限りの定量的な目標を設定することが求められています。特に，これまで支援の対象とならなかった乳児を抱える在宅育児家庭に対し，推進法と同時に改正された「子育て支援事業」の充実が求められています。それと同時に，待機児童が50人以上いる自治体には，「待機児童解消計画」の策定が義務づけられています。

　また，企業に対して前例のない試みですが，今回の推進法では従業員が301人以上の企業については必ず，それ未満の企業については努力義務としてなされる行動計画が上げられています。職場における次世代育成を考えることは，女性の子育て仕事の両立支援の範囲にとどまらず，父親が育児に関われるような職場の働き方の構造や考え方を変えていくことにまで及んでいます。

　④　子ども・子育て応援プランについて

　今までのプランによる各施策では目標数値を達成することには成功したようにみえますが，根本的な出生率低下は，歯止めが利かないのが現状です。次の新しい家族を作る若者意識の変化までは，手が届いていない現状でした。そのことを踏まえて「子どもが健康に育つ世界」「子どもを生み，育てることに喜

びを感じることのできる社会」をめざして，少子化社会対策大綱として「子ども・子育て応援プラン」が2004年6月4日閣議決定されました。

「子ども・子育て応援プラン」の特徴は，今まで「子育て支援」として保育事業中心だったものから，若者の自立・教育，働き方の見直し等を含めた幅広いプランとなりました。このプランは，少子化社会対策大綱の4つの重点課題1．若者の自立とたくましい子どもの育ち。2．仕事と家庭の両立支援と働き方の見直し。3．生命の大切さ，家庭の役割等についての理解。4．子育ての新たな支え合いと連帯に沿って構成され，概ね10年後を展望した「目指すべき社会の姿」を提示しました。施策の実施を通して，社会をどのように変えようとしているのか，国民にわかりやすく提示しました。

「働き方の見直し」の分野において，育児休業取得率を男性10％，女性80％に，育児期に長時間にわたる時間外労働を行うものの割合を減少するという積極的な目標設定をしました。

「教育」の分野において，体験学習をもつことで「たくましい子どもの育ち」を育成できるように，全国の小・中・高等学校において一定期間のまとまった保育体験活動を実施し，子どもがさまざまな体験をもつことができるように積極的な目標設定がなされています。

「待機児童ゼロ作戦」とともに，きめ細かい地域の子育て支援や虐待防止対策など，すべての子どもと子育てを大切にする取り組みを推進し，子どもが減少（量）することへの危機感だけでなく，子育ての環境整備（質）にも配慮されました。また，待機児童が50人以上の市町村をなくすこと，子育て家庭が歩いていける範囲に子育て支援拠点を整備すること，関係者の連携体制を全国に構築すること，児童虐待死の撲滅を目指すこと等，市町村が策定中の次世代育成支援に関する行動計画もふまえて数値目標を設定されています。地方の計画とリンクさせた形でプランを策定するのはこの「子ども・子育て応援プラン」が初めてです。

第4章　家庭福祉とソーシャルワーク

1．ソーシャルワークとは

　ソーシャルワークは，最近になって日本では社会福祉援助技術と呼ばれています。

　社会的に脆弱な方を社会資源につなげ，自立にむけ援助する社会福祉専門家（ソーシャルワーカー）の行う，専門援助技術のことをいいます。

　「社会的に脆弱な」ということは，年少であったり，高齢であったり，障害があったり，病気であったり，女性であったり，収入が生活をするのに満たない状態であったりすることです。

　各々の対象者に対して，福祉の法律やサービスが施行されています。しかし，制度やサービスにつながらなかったり，自分ひとりの力だけでは，生活が困難な場合，有効な制度やサービスにつなげ，自立した生活を行っていこうとする手助けが必要です。

1）ソーシャルワークの種類

　全米ソーシャルワーク協会（NASW）では，「個人や家族が精神的，対人的，社会経済的，環境的諸問題を解決するのを直接的な対面関係を通じて援助するという目的をもって，心理社会理論，行動理論，システム理論等の諸概念を技能化した専門職ソーシャルワーカー達によって用いられる指向，価値システム，実践の類型である」（NASW編集『ソーシャルワーク辞典』）と定義しています。

　日本では，社会福祉援助技術の種類に，① 個別援助技術，② 集団援助技術，③ 地域援助技術，④ 社会福祉調査法，⑤ 社会福祉（施設）運営管理法，⑥ 社会活動法，⑦ 社会計画法，⑧ スーパービジョン，⑨ ソーシャル・ネットワーク・システム，⑩ コンサルテーション，⑪カウンセリング，⑫ ケアマネジメント，などがあります。

　近年，子育てに対する意識が変化したといわれています。あるいは女性には

母性が自然に備わるといった母性神話が崩壊したといわれます。子育てをストレスに感じる親（自分の時間が持てなくなる、とか子どもとうまく接することができないなど）は、昔は近所づきあいのなかから子育ての智恵を得ていたものです。しかし今日の社会では子育て相談を保育園の中に設けるとか、子育てセミナーを公的に設けるとかして、子どもとのかかわり方を意識的に学んでいく機会を提供するようになっています。

　また、高齢者介護や、障害者自立支援においても、公的な支援システムがつくられています。と同時に、援助者がアドボカシー（代弁的機能）を発揮し、問題を抱える人自身の力で、問題解決に立ち向かえるよう適切な方向性のある力をつける援助方法をエンパワメントといいます。

　子育て中の母親同士、とか高齢者介護を行う家族同士あるいは同じような状況にある障害者同士が、共通の悩みを話したり、共感したり、相互交流の中から、エンパワーしあうこともあります。

　同じ課題を抱えている本人や家族が仲間として上手に課題をのりこえ、日常生活を送ることができるようにするセルフ・ヘルプグループ活動も、現代社会では必要なソーシャルワークの方法です。

２）ファミリーソーシャルワークと**家族システム**

　家族に問題が発生する場合その原因として考えられることのひとつとして、その問題に対して、家族は非専門的な機能しかもっていないことが上げられます。

　たとえば、介護問題や子育て上の問題が発生した場合、家族にはその機能の中に介護機能や保育機能も持っていますが、介護施設や病院や保育施設のような専門機関や施設ではありませんので医師や看護師や介護福祉士や保育士のような社会的に専門分化された専門家がいません。今日、病気になった時には、誰もが病院へ行きますが、それも、社会保険制度である健康保険制度の普及の効果ともいえます。介護保険制度が浸透してきている今日、介護問題は専門家へ相談すると良いとわかってきてはいるものの、いまだに悲惨な事件が起こっ

てきています。わが身に起きていることが、専門家に相談するべきことなのかどうなのか、判断できなかったり、まさか問題の渦中にあると認識されないまま、問題が深刻化してしまう場合もあります。また、長年の家族関係の軋轢が、介護が発生した時に、発見を遅らせることになる場合もあります。

さらに、子育て上の問題について、どれだけの人が最初から専門家を訪ねるでしょうか。ここに今日保育士が国家資格化され、ソーシャルワーク機能を身に備えた専門家としての保育士が必要とされている理由があります。

あるいは高齢者介護について介護保険制度が定着したかにみえますが、未だに専門家に相談せず、共倒れ寸前で、発見される老老介護や障害の子どもを介護する老親など、山積みしています。

家族には、求められる機能、果たさざるを得ない機能が多くありますが、社会的に専門分業化された専門機能がより多く出現してきていることは家族の弱体化ととられるよりも時代とともに、人びとの価値観が変わってきたと捉えたいと思います。

しかし、社会の最も基本的な、最小単位の集団である家族は、集団であるゆえのシステムがあります。小集団その中でも特に家族という枠の中ではどのようなシステムがあるのでしょうか。

① システムとは何か

そもそも、システムとは「秩序を持った組織体」ということです。一般システム理論では、「秩序を持った組織体」とは、第一に組織を構成する要素が存在し、第2にその要素間に一定のルールが存在して、全体としてのバランスが保たれているものをいいます。それは無機物から有機物に至るまで一定の形態を有するものすべてに当てはまる概念であるといわれています。

② 家族システム

家族にも家族を組織する家族員という要素が存在し、その要素である家族員の間に一定のルールがあるというわけです。そのルールは、制度や父親・母親などの役割に付随するものと無意識的に存在する暗黙のルールなどがありま

す。

　家族システム理論は，1970年代後半から1980年代にかけて日本に紹介されています。個人の病理にみえる問題を家族が抱える問題と捉えなおしたとき，家族内部で相互に影響しあうシステムであるという見方から，家族に介入する方法を発見し家族全体を治療していくことになるのです。不登校の問題，反社会的行動をする子供の問題を家族のシステムの問題と捉えなおすことは，コロンブスの卵的発想でした。いわれてみれば当たり前ですが，家族のシステムに誰も注目しなかったことも事実でした。

　日本では，1990年代から急速に，介護が社会化していく中で，保育やその他の福祉問題より先に介護問題について，地域や家族のシステムを考慮せざるを得なくなってきています。そこには，当初，欧米の家族療法家が心理社会的病理を治療するという観点であったものから，介護や保育の専門家が，介護や保育という専門技術を実施しながら，同時に家族を支援するという日本的なソーシャルワークの方向に位置づけられてきています。

　そうしたとき，システム理論を学んだ介護福祉士や保育士が家族支援に積極的にかかわっていくために，専門性の確立と法制度の整備が必要となってきますが，現時点では，理念としての法制度が先に制度化され，実態はボランティア的に後からついてきている現状もあります。

③　家族支援の対象と目的

　家族システムから家族支援を考えるとき，その支援対象が家族全員なのか，クライエントのみなのかという課題が与えられています。なぜならば，介護が必要となったとき，介護保険制度では，単に介護を必要としている，クライエントの身体介護や家事援助だけにその介護サービスの目的は限られているように感じられます。しかし，クライエントへの支援を通して，その家族の悩みを聞いたり，介護の重荷を背負う家族を側面的に支えながら，その家族員全員の生活の質が高められながら，生活の自立と自己実現が可能となるような支援を目的としているはずです。

児童の保育問題を例にとって考えたときも同様です。保育に欠けた児童への保育支援は同時にその家族員全員の生活の質の向上と家族員の生活の自立と自己実現への支援であるのです。その他の障害者福祉においてもその対象は、クライエントのみではなく、家族全員と考えていきたいものです。

④ 家族支援とソーシャルワーク

介護福祉や児童福祉におけるケアワークは、介護そのもの、保育そのものという視点もありますが、その役割は大きく広義には、家族形態・生活スタイル・生活リズム・障害の種類状況に応じた福祉ニーズを満たすためにあります。家族支援は家族間にニーズ格差があるために、サービスの個別化が原則です。

そして、家族との信頼関係を図りながら、家族が自立していく力をつける（エンパワメント）援助が必要です。また、権利や利害を主張できない家族の代弁者としての機能（アドボカシー）など専門技術のケアワークをとおして、個別援助技術や集団援助技術や地域援助技術、また、ケアマネジメントを行うなどソーシャルワーク技術を用いて家族支援をしていくことができます。

⑤ 家族支援と地域福祉

地域社会における家族支援は、インフォーマルな人的・物資的資源やフォーマルな社会資源の統合された社会サービスが必要です。

本来地域に暮らす全ての人と家族の福祉は、ノーマライゼーションの理念を浸透させ、意識化し、バリアフリーなインテグレート（統合）と地域づくりにより、そこに暮らす家族支援につなげていくことができます。

2．暴力とソーシャルワーク

1）児童虐待への対応・取り組み

子どもの虐待への対応・取り組みについて森田はひとつの家にたとえています（図表4－1）。土台に子どもの人権尊重という確固たる理念があり、これをベースにして予防・介入・治療と積み上げていき最終的には子どもの自立につ

なげていきます。それには調査・研究が必要であり，ベースである理念を支える柱はさまざまな法律です。いくら内容を積み上げていってもそれを実現させる社会の法律が整備されていかないと虐待から子どもを守り，救うことはできません。家庭は崩壊してしまいます。

　① 法の整備…1990年以降の急激な児童虐待の増加は深刻な社会問題とされ2000年5月に児童虐待に対する基本姿勢，児童相談所の対応などを盛り込んだ初めての法律「児童虐待の防止などに関する法律」（児童虐待防止法）が制定されました。しかし法の理念が明記されていないなど，不備な点が多く現場の実態を踏まえて改正され2004年10月に施行されました（改正児童虐待防止法）。第1条の目的に「子どもの人権」と「子どもの自立支援」という法の理念が明記され，第2条の虐待の定義で，同居人による暴力を保護者が放置することもネグレクトとするとし，また心理的虐待として「著しい暴言又は著しく拒絶的な反応」と「家庭における配偶者に対する暴力」が具体的に明記されました。また第5条で「学校及び児童福祉施設は，児童及び保護者に対して，児童虐待防止のための教育又は啓発につとめなければならない」とされ学校や児童福祉施設での予防，研修の必要性が盛り込まれました。第6条の通告では「児童虐待を受けた児童」から「受けたと思われる」となり通告の範囲や定義の幅が広がり，広く活用できるようになりました。特にDVとは配偶者への虐待であると同時にその家庭の子どもへの虐待でもあることを明確にし，DVと児童虐待の関係について触れたことは大きな前進といえます。

　② 予防教育と研修…児童虐待は健康医療上の深刻な被害の点でも公衆衛生の問題とされています。エイズ対策が徹底した予防教育であるように，虐待も家庭，学校教育，地域との連携での予防教育において減らすことができます。なによりも地域ぐるみの予防が虐待防止には不可欠です。教職員への研修，母親だけでなく父母両方への啓発，そして子ども自身への教育です。教職員，保護者へは虐待の気づきの知識とスキルを中心に，子どもへは生きる力としての人権や自己尊重の心を教えます。CAPプログラムなどの研修を市民団体や地域

の虐待防止センターに研修を依頼することで学校や保育所は閉鎖的にならず地域と連携して，地域の中で予防教育を徹底することが必要なのです。児童虐待防止法には「虐待を行った保護者への指導」が明記されていますが虐待された子どもと同じくらい親も深い傷を負っています。図表4－1の第3次防止段階にあたるわけですが，この虐待する親の更生回復のためのケアが日本ではまだ

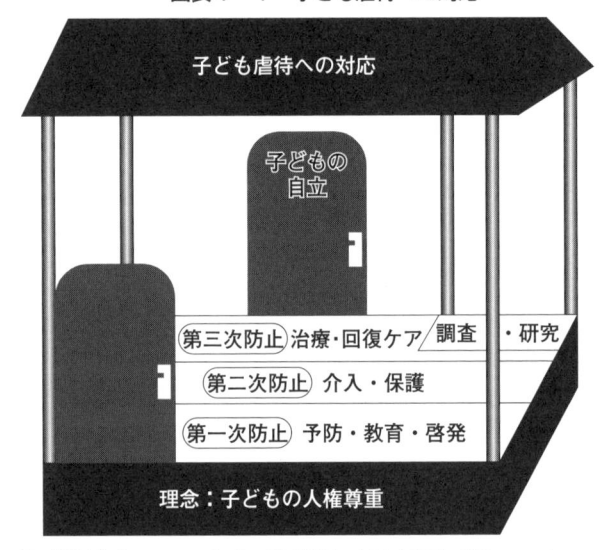

図表4－1　子ども虐待への対応

（図中文字：子ども虐待への対応／子どもの自立／第三次防止　治療・回復ケア／調査・研究／第二次防止　介入・保護／第一次防止　予防・教育・啓発／理念：子どもの人権尊重）

第一次防止(primary prevention)　虐待が起きないようにする予防，啓発　prevention
　　家庭，学校，保育所，保健所，民間・NPOの地域活動による防止教育，啓発活動，電話相談など。　→　起きる前に虐待を防止する。

第二次防止(secondary prevention)　起きた虐待への介入，被虐待児の保護　intervention
　　児童相談所，福祉事務所，要保護児童対策協議会，裁判所，警察，弁護士による行政，司法措置を含む。　→　今起きている虐待を止める。

第三次防止(tertiary prevention)　被虐待児への治療と家族の回復　treatment
　　児童保護福祉施設，里親，カウンセリング，医療機関における身体的，精神的治療。虐待する親の回復援助プログラム。自助グループ。　→　すでに虐待を経験した当事者が再び虐待を受ける・することのないように防止する。

調査・研究(research)
　　大学，政府，民間・市民団体によるリサーチ・プロジェクト。

森田ゆり『子どもの虐待対応専門職研修テキスト』(エンパワメント・センター)より

出典）森田ゆり『新・子どもの虐待』『岩波　ブックレット』No.625
　　　岩波書店，2005年

遅れています。森田が開発した治療教育的回復プログラム「MY TREEペアレンツ・プログラム」は虐待やDVによって，親子分離中，在宅支援中の親のための援助です。このような実践的な支援が急務となっています。

③ 虐待されている子への気づきと対話…心の応急手当

被虐待児の多くは，自分から訴えないので周りの大人が虐待にまず気づく目をもたなければなりません。いつもとは違う，何かおかしいなと思った時にどう子どもに声をかけ話を聞くのか，そしてどこへ相談するのかが大事になってきます。これは周りのすべての大人ができることです。サインを見つけその子と対話することなのです。森田はすべてを実行するのは大変なのでまず「聴く」ことに徹することだとしています。事実を尋ねるのではなく，同感でも同情でもなく気持ちを共感して「聴く」ことが大切なのです。ありのままを受け止め，守ってあげることがすべての周りの大人ができる「心の応急手当」ではないでしょうか。

④ 今後の課題

全国182ヵ所にある児童相談所は地域の虐待対策の拠点になっています。児童相談所がかかわっていながら命を救えないケースの報告が相次いでいますがこの中で約7割は命が救える可能性があったとされています。虐待に対応する児童福祉司は全国で2003人（05年5月時点）で前年度より190人増えていますが，虐待対応件数の急増に職員配置が追いついていないのが現状です。厚生労働省の調査によると児童福祉司ひとりの1週間の対応件数は32.4件（04年9月時点）で1日に6～7件に対応しなければ処理できないことになります。2005年度は児童福祉法施行令の配置基準が「人口5万～8万人に1人」に見直され増員の方向ではありますが，全国の6割の自治体が基準を満たしていません。また児童福祉司の採用は一般行政職からの採用で，全員を専門職としている自治体は2割しかなく，その上研修の不十分さも指摘されています。質，量ともに問われているといえます。また相談の増加に伴って緊急な一時保護も急増していますが，これに対応する一時保護所や児童養護施設が満杯状態で十分な受

け皿がないのが実情です。福祉司の人数，専門職としての資質，施設不足は深刻な問題で早急な対策が望まれます。通告を受けた児童相談所は立ち入り調査において親の強い拒否があると，親の援助の為の信頼関係を保つ必要上，強権的に介入することはできなくなるのが現状です。ここで止まってしまうのです。これを改善するには，裁判所が迅速に審査し，司法命令のもとで警察力を用いることができるように法改正しなければなりません。欧米では裁判所の関与が普通になっています。米国では裁判所の親への命令は強制的であり，それに対して児童相談所は親に寄り添って援助，更生を促す役割をします。日本においても親子分離，親の回復ケア受講命令，親子再統合の基準と判定への裁判所の関与が不可欠な時期にきています。家庭，教育の現場，地域という社会全体での虐待への気づきと取り組み，それを支える法制度の確立，これらが充分になされて初めて子どもの人権の尊重という理念が生きてくるのではないでしょうか。

2）ドメスティック・バイオレンスと対策

① 暴力の影響

a）身体的影響…直接に身体に外傷として現れる死に至る場合もある。不眠，自律神経失調症など身体的不調。望まない妊娠や中絶，性感染症など

b）精神的影響…心的外傷後ストレス障害（PTSD），うつ状態，過食，拒食，適度な緊張感など

c）社会的影響…加害者の監視や自身の身体的影響からくる仕事や勉強の継続の困難，人間不信や過度の恐怖心などで，他者とのコミュニケーションがうまくいかないなど

おもにこの3側面があげられますが，WHO（世界保健機関）の憲章前文には「健康」の定義が改正され，身体的・精神的・社会的の3側面にスピリチュアリティ（霊性）という人間の尊厳という精神よりも高次の第4の側面が加わり，DVの暴力はこの第4の人間の尊厳を損なうものであると草柳は指摘しています。まさに身体的被害よりももっと精神的被害の大きいものといえます。

またDV環境にいる子どもへの被害や影響も大きく直接身体的虐待を受けるなど，それ以上に精神的被害は深刻です。

② DV防止法（配偶者からの暴力の防止及び被害者の保護に関する法律）

改正DV防止法の成立

1995年の第4回世界女性会議で採択された「北京宣言及び行動綱領」に基づき，日本では1996年12月に「男女共同参画2000年プラン」が策定され，この中に「女性に対するあらゆる暴力の根絶」が重要目標のひとつとして掲げられました。これを受けて世界の共通の流れの中で日本でも調査・研究が進められDV防止法が2001年4月公布，10月施行になりました。これは今まで逃げて身を隠すしかなかった被害者にとっては，「保護命令」の申し立てにより，法的に守られること，犯罪として加害者を逮捕できること，DVを国や自治体が取り組むべき施策として位置づけたことなど，画期的でした。しかし暴力を身体的暴力に限っていることや，「保護命令」の実効性が低いなど問題が多く，当事者や支援者の声を採り入れDV対策をより強化した「改正DV防止法」が2004年12月に施行されました。暴力の定義の拡大，保護命令の対象の拡大，被害者の自立を国や自治体が支援する責任を明記し，都道府県に基本計画づくりを義務づけるなど具体的な支援策が打ち出されました。

③ 今後の課題

DV防止法によりひとまず被害者の保護，自立への支援体制はできたとはいえ，国の自立支援の基本方針の具体策は各自治体の主体性に任されています。そのためにおこる自立支援対策の自治体格差の問題があげられます。また公的シェルター（避難所）の利用についても，利用期間の短さ，手続きの煩雑さがあり，民間シェルターでは常に空き待ち状態という避難場所不足の問題，また離婚に向けての弁護士の法律的支援の必要性など多くの課題があります。これからは各所が制度として統一した支援体制，統合的システムを作り上げる必要性があります。またこのようなシステムの整備は当然ですが，それ以上にDVは単なる暴力被害や外傷の問題ではなく被害者の心のケアとしての対策が最重

視されるべきです。グループワーク，トラウマ・ケア専門のカウンセリング，自助グループなど再出発のための精神的基盤の構築の支援が是非必要です。もうひとつの大きな課題は加害者の支援です。被害者側だけの手当てでは傷はみえなくなりますが，それは応急処置でありまた現われてきます。傷の完治には暴力のもとである加害者側の治療が必要なのです。被害者と加害者は同じ数だけ存在するのでまだ半分の治療だということです。DVの暴力は臨床心理学では"暴力嗜癖"の病理と位置づけられ，アルコールや薬物依存症の"物質嗜癖"に対して"人間関係嗜癖"のひとつとされています。努力すれば治るわけです。米国では加害者プログラムの受講が法律で義務づけられるなど，早くから加害者の治療は行われてきていますが，日本ではまだ試行錯誤の段階です。DV防止法においてもまだ加害者更生の為の手立ては盛り込まれていません。草柳は加害男性への心理療法やプログラムを実践しており，その中で「加害男性の専門相談・自助グループ活動・暴力克服ワークショップ」を3つの柱として加害男性が自らライフスタイルの変革を図っていくのが有効だとしています。このようなDV加害者を対象にした教育講座も内閣府からの受託を受けて各自治体で少しずつ開かれるようになってきました。しかし加害者自ら声をあげ自分の暴力肯定をし自己変革をしようとする人はまだまだ少人数です。そのためにも法律により実践プログラムの受講を義務づけることや多くの自助グループが立ち上がるように専門家の養成，研修が必要です。被害者，加害者双方にとってより適切な制度的ケアの整備と，それ以上に自らの経験を語り当事者同士支え合う心のケアが最も重要なのです。

3）児童虐待とDV

改正された虐待とDV防止法のいずれにも児童虐待とDVは密接な関係があるためその対策が盛り込まれました。DV環境の家庭では身体的・心理的暴力，虐待などが複雑に絡み合っていると考えられます（図表1－7）。父から母への身体的暴力は母から子への身体的虐待やネグレクト（世話の放棄）を発生させ，直接に父から子への身体的虐待や性的虐待，ネグレクトにもなっています。子

どもは身体的危害は受けなくても，DVを目撃することにより深刻な心理的打撃を受けます。またDVから逃れるため母親と逃避行を続けそのたびに生活環境や家族関係が変化し，深刻な情緒不安や適応障害におちいることがあります。母親の精神的打撃は子どもの精神的打撃でもあるわけです。不安定な家庭環境は非行・徘徊・孤立・学業不振などさまざまな形で現れてきます。DV環境で育った男児は成人後，妻や恋人に暴力をふるう率が高くなることや，また虐待を受けて育った子どもは自分の子どもを虐待することがあるなど"暴力の連鎖"の指摘があります。成長過程でモデルとなる大人が暴力をふるう環境は"暴力を容認する（せざるをえない）"大人をつくることになるといえます。愛着体験の不足が暴力を生み出すともいわれます。虐待や暴力は傷の回復には話しを聞き，受け入れてもらえる愛情が必要です。家族神話の中に封じ込められてきた家庭という密室で起こる虐待や暴力はけっして許されるものではありません。「暴力はNO」と声をあげる勇気と周りの気づきが大切です。児童虐待やDVは重大な「人権侵害」であることを再認識し，"暴力の連鎖""暴力の再生産"を止めなければなりません。

参考文献
・森田ゆり「新・こどもの虐待」『岩波ブックレット』No.625，2005年
・池田由子『児童虐待』中央公論新社，2002年
・夏刈康男・宮本和彦編著『児童虐待・DV－その事例と対応』八千代出版，2004年
・改訂・保育士養成講座編纂委員会編『家族援助論　第11巻』全国社会福祉協議会，2005年
・『朝日新聞』2003年12月17日・2004年10月13日・2005年4月22日，6月29日
・草柳和之『ドメスティック・バイオレンス新版－男性加害者の暴力克服の試み』

3．保育サービス・子育て支援活動

1）地域子育て支援

すでに「保育サービス・子育て支援」は，児童福祉施設の一つである保育所を中心に行われてきました。一時保育や園庭を開放して保育や遊びの支援をし

たり，子育ての相談（ケースワーク）を面接や電話で受けたり，育児講座や講演，実技など指導したりします。

地域子育て支援について白石淑江は，図表4－2のようにまとめています。保育所に入所していない地域の乳幼児と保護者に対する支援をまとめました。

これらの活動は，保育所のみならず児童養護施設，幼稚園でも始められています。

図表4－2　保育所を中心とする地域子育て支援活動

分類		活動内容	活動の特徴
直接的援助	個別的援助	・子育て相談：立ち話的相談 　　　　　　　面接相談 　　　　　　　電話相談 ・一時保育 ＊家庭支援	・日常的で自然な会話から相談活動に。親が子育て問題を解決するのを援助する。専門的援助を必要とするケースを発見し，相談機関のネットワークにつなげる。 ・パート労働，病気，その他の理由により，一時的に保育が必要になった場合。 ＊子育て困難な家庭を訪問して支援する。
	集団援助	・遊ぼう会，子育て広場 　園庭解放 　親子教室（リズム遊びなど） ・保育参加体験，給食試食会 　育児講座（料理教室等も含む） ＊おもちゃ図書館	・安全な遊び場を提供すると共に，子育ての仲間づくりを促進する（相互に助け合あって，みんなで一緒に育てる）。 ・保育への参加体験を通して，子ども理解やかかわり方を学ぶ。子育ての主体としての意欲や自信を育み，不安感の解消を図る。 ＊特別なニーズを持つ子や親が参加しやすい子育て広場を設ける。
間接援助	地域援助	・地域交流事業 　園行事の解放 　中学・高校生の保育体験 ・子育て情報（情報誌，マップ） 　子育てサークルの育成， 　支援 ・他の社会資源との連携 　他機関事業への協力 ＊ファミリー・サポート・ 　センター	・地域のさまざまな世代が子どもと関わる機会を提供し，その交流を促す。 いろいろな人とのふれあいを通じた子育ての啓発する。 ・地域の社会資源を利用しながら，親たちが主体的に子育てをしていくのを援助する。 ・保健センター，主任児童委員，学校など，他機関と連携し，地域の子育て支援（次世代育成支援）システムづくりに努力する。 ＊ファミリー・サポート事業を推進

＊少数の保育所，子育て支援センターで実施しているもの
出典）白石淑江「保育士養成課程を考える（2）－地域・家族援助の理解を深める養成を考える－」全国保育士養成協議会「子育ち・子育ての変容と保育士養成　－変わりゆくこと，変わらないこと－」平成17年度全国保育士養成セミナー　全国保育士養成協議会第44回研究大会　p.69

2）子育て支援ニーズと援助への課題

　子育て家庭のニーズとは何でしょう。ニーズを把握するために，アンケート等の紙面を読むことで捉えきれるでしょうか。たとえば，「夜間保育」を希望している家庭といってもサービスとして預けたいのか，知り合いにほんの一時お願いしたいような内容なのか読み取って判断するのは，大変むずかしいことといえるでしょう。また，家庭から希望された，育児の手助けや代替え的なことを子育てサービスとしてすべて請け負うことが，本来家庭で持つべき育児力を低下させていく事にもつながりかねません。子育て家庭の若い親たちの真のニーズとは何かを把握し整理していくことが必要といえるでしょう。

　そういう意味で，子育て家庭の全体像をとらえることは，家族の構成だけでなく関係性の特徴まで着目する必要があると考えます。その上で，子育てサービスの質の向上が計れるといえるでしょう。

① 幼保一元化・総合保育

　保育所と幼稚園は，「保育に欠ける子どもを預ける場」というニーズと，「幼いときから必要な質の良い教育」を受けさせるというニーズの違いの制度から始まりました。

　しかし，保育所と幼稚園は異なるニーズでありながらも，対象は同じ年頃の子どもなので，臨時教育審議会（1984年設置）等の場でお互いの連携を測ることが進められるようになりました。

　1998年　文部省・厚生省共同で「幼稚園と保育所の施設の共用化等に関する指針」が通知されました。保育所と幼稚園の一元化の動きともいえるでしょう。「子ども・子育てエンゼルプラン」では幼稚園の預かり保育等保育の時間の長時間化，親へのサービスが打ち出され，幼稚園の保育園化ともいえる動きがあります。利用者である親や子どもにとって，必要とされるそれぞれの機能面の特色を図っていくことが望まれます。

　保育士資格と幼稚園免許を同時に取得しやすくするための養成課程等の見直しが始まっています。

図表 4 - 3　幼稚園と保育所・児童養護施設の制度および現状の比較一覧

	幼稚園	保育所	児童養護施設
所管	文部科学省	厚生労働省	厚生労働省
根拠法令目的	学校教育法第77条 ・適当な環境を与え，その心身の発達を助長することを目的とする。	児童福祉法第39条 ①日々保護者の委託を受けて，保育に欠ける乳児又は幼児を保育することを目的とする。 ②特に必要のあるときは，日々保護者の委託を受けて保育に欠けるその児童を保育することができる。	児童福祉法第41条 ・乳児を除いて，保護者のいない児童，虐待されている児童その他環境上養護を要する児童を入所させ，これを養護し，あわせてその自立を支援することを目的とする。
対象	満3歳から小学校就学前	保育に欠ける乳児又は幼児，特に必要がある保育に欠ける児童	乳児を除いて，保護者のいない児童，虐待されている児童その他環境上養護を要する児童
設置・運営の基準	学校教育法施行規則74～77条 幼稚園設置基準（文部科学省令）	児童福祉施設最低基準（厚生労働省令）	児童福祉施設最低基準（厚生労働省令）
保育（教育）時間・日数	教育時間の標準は4時間毎学年の教育週数は，39を下ってはならない。	原則として1日8時間，延長保育，夜間保育も実施。 約300日	特に定めなし
保育担当職員配置基準	幼稚園教諭・助教諭1学級あたり幼児35人以下	保育士 0歳児　　3：1 1.2歳児　6：1 3歳児　　20：1 4.5歳児　30：1	保育士・児童指導員 児童（少年）　6：1 3歳以上就学前の幼児　4：1

　そして，実際試験的にではありますが，幼稚園・保育所の機能を併せ持った総合施設の試みが始まりました。2005年には，幼稚園において10カ所，保育所において8カ所の総合施設モデル事業の試みがなされています。

　② 保育・養護の現場における保育士・幼稚園教諭に求められているもの

　保育士資格が2001年11月に法定化され，職名が母母から保育士に変わりました。児童福祉法改定において「保育士とは（中略）専門的知識及び技術を持

って，児童及び保育及び児童の保護者に対する保育に関する指導を行うことを業とする者をいう」とあります。

　保育所や幼稚園で子どもの頃生活した経験がある人に，「そのころの記憶はありますか？」と聞くと，多くの人が「良く覚えている」と答えていました。幼いながら，いや幼いからこそ親と離れるときの不安，恐怖に近い気持ちや，保育者に手を取られて慰められた光景を鮮明に覚えているようです。また，この頃の生活は，その後の人生に大きな影響を及ぼすものです。そこで出会う保育者は，親の果たす役割や愛情，そして専門家としての能力が求められています。かつて幼稚園教諭・保育士の仕事の中心は子どもを保育することでした。しかし近年，保育サービスの機能が拡充されることによって，その子どもとその子どもを取り巻く親を含めた家族全体へのはたらきが必要となり，ソーシャルワーカー，カウンセラーとしての専門性が求められるようになりました。

　保育士の専門性を高める5つの提言として，全国保育協議会編『保育年報2004』の61ページで，① 職員一人ひとりの自己評価 ② 保育所という組織としての自己評価 ③ 第三者評価を保育のレベルアップと保護者・地域への状況提供にいかす ④ 変革期こそチャンス－保育所が子育てネットワークの核に ⑤ 地域全体の育児力を高める長期の展望を上げています。

　保育所保育指針の第1章総則に「保育士は常に研修などを通して，自ら，人間性と専門性の向上に努める必要があるとあります。保育所・児童養護施設・幼稚園の役割が広がり保育士・幼稚園教諭に求められる専門性もより高く求められていることから，研修の充実が求められています。また，保育所保育指針では「倫理観に裏付けられた知性と技術を備え，豊かな感性と愛情をもって，一人ひとりの子どもに関わらなければならない」とあります。幼稚園教育要領の第1章総則においても「教師は，幼児一人一人の活動の場面に応じて，さまざまな役割を果たし，その活動を豊かにしなければならない。」とあるように保育士，幼稚園教諭は常に研修をして幅広い専門性を求められる動きにあります。

図表4－4　家族の関わりからみた保育所（保育士）・幼稚園（教諭）のはたらき

Ⅰ　かつての保育所（士）・幼稚園（教諭）

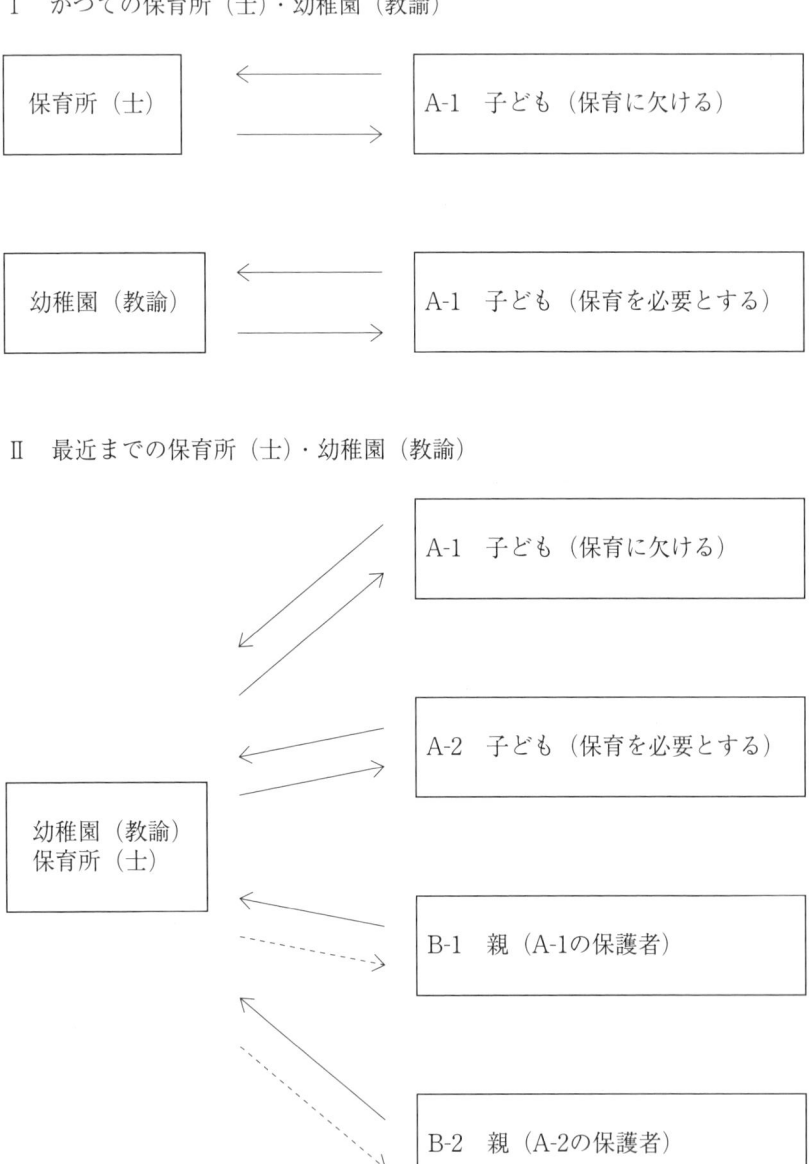

| 保育所（士） | ⇄ | A-1　子ども（保育に欠ける） |

| 幼稚園（教諭） | ⇄ | A-1　子ども（保育を必要とする） |

Ⅱ　最近までの保育所（士）・幼稚園（教諭）

幼稚園（教諭）
保育所（士）

- A-1　子ども（保育に欠ける）
- A-2　子ども（保育を必要とする）
- B-1　親（A-1の保護者）
- B-2　親（A-2の保護者）

第4章　家庭福祉とソーシャルワーク　125

Ⅲ　これからの保育所（士）・幼稚園（教諭）

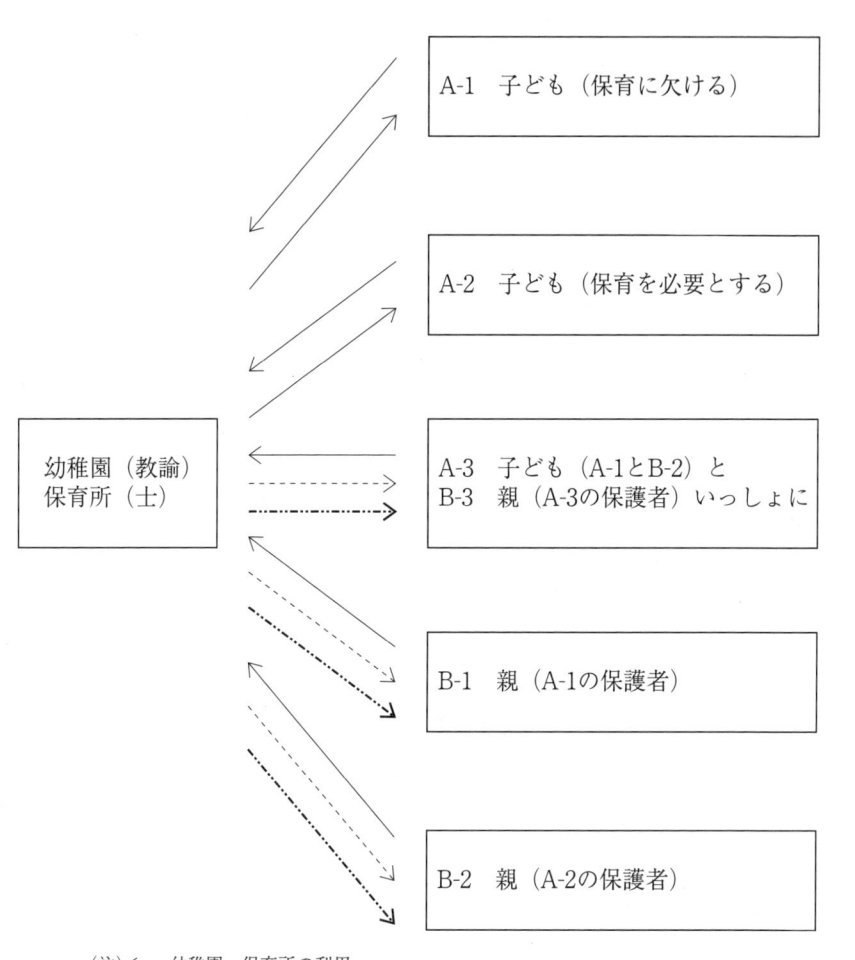

```
                                    ┌──────────────────────────┐
                                    │ A-1  子ども（保育に欠ける）│
                                    └──────────────────────────┘

                                    ┌──────────────────────────┐
                                    │ A-2  子ども（保育を必要とする）│
                                    └──────────────────────────┘

    ┌──────────┐                    ┌──────────────────────────┐
    │幼稚園（教諭）│                 │ A-3  子ども（A-1とB-2）と │
    │保育所（士）│                   │ B-3  親（A-3の保護者）いっしょに│
    └──────────┘                    └──────────────────────────┘

                                    ┌──────────────────────────┐
                                    │ B-1  親（A-1の保護者）    │
                                    └──────────────────────────┘

                                    ┌──────────────────────────┐
                                    │ B-2  親（A-2の保護者）    │
                                    └──────────────────────────┘
```

（注）←───　幼稚園・保育所の利用
　　　───→　保育サービスの提供
　　　---→　子育て支援サービスの提供
　　　─・・→　保育に関する指導

参考）改訂・保育士養成講座委員会『家庭援助論』全国社会福祉協議会委員会
　　　2005年, p.99　参考に一部変更

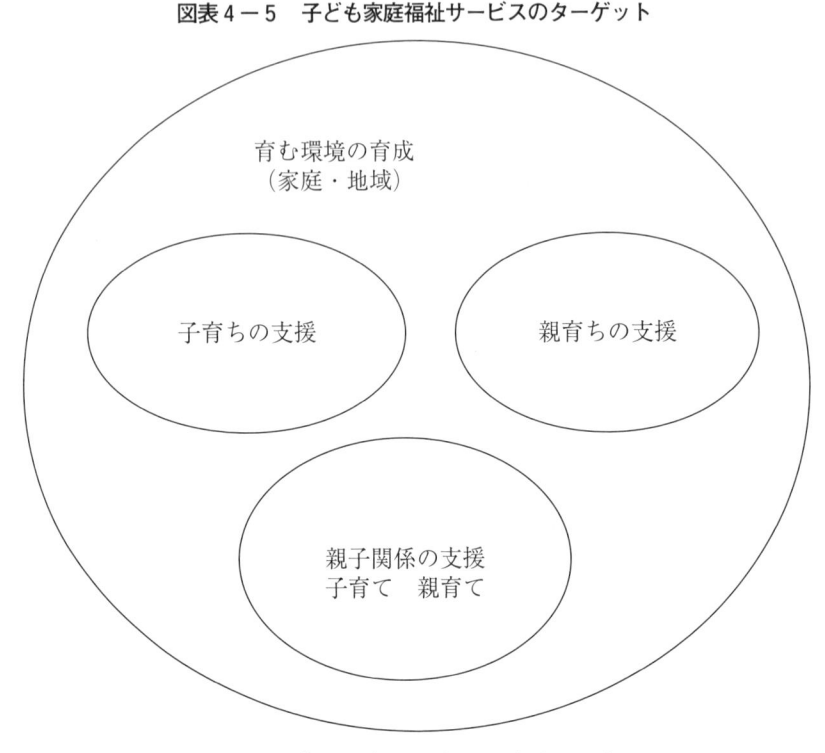

図表4－5　子ども家庭福祉サービスのターゲット

育む環境の育成
（家庭・地域）

子育ちの支援

親育ちの支援

親子関係の支援
子育て　親育て

出典）山縣文治『現代保育論』ミネルヴァ書房，2002年，p.36

　研修の内容は，知識，技術の習得をはじめソーシャルワーク，カウンセリング等さまざまです。また保育所，児童養護施設，幼稚園の園内研修や地域や職場での研修・評価をはじめ，第三者評価を受け質の向上に努めることが求められています。

参考文献
・柏女霊峰・山縣文治『家族援助論』ミネルヴァ書房，2002年
・改訂・保育士養成講座編纂委員会編『家族援助論』全国社会福祉協議会，2005年
・厚生労働省雇用均等・児童家庭局保育課『保育の動向と課題』2005年
・全国保育協議会編『保育年報2004　認可保育所の社会的使命を考える』全国社

会福祉協議会
・鈴木牧夫『子どもの権利条約と保育　子どもらしさを育むために』読売書社，2005年
・白石淑江『保育士養成課程を考える（2）―地域・家族援助の理解を深める養成を考える―』全国保育士養成協議会「子育ち・子育ての変容と保育士養成―変わりゆくこと，変わらないこと―」平成17年度全国保育士養成セミナー全国保育士養成協議会第44回研究大会，pp. 68－69

4. 事例　母親を中心に育児体験者の交流から

　C市にあるU幼稚園では，以前から子どもの育児を中心に講習会を開いたり個別に相談を受けてきました。個別相談の際，相談者であるお母さんが，「子どもに友達ができない。」「父親が，育児に参加しない。」という内容を話していました。これは，子どもに友達ができないというのは「お母さん自身に友達ができない」ということであり，父親が育児に参加しないというのは，「私の話を聞いてくれない」という，育児を行っている母親の孤独感が浮上していることを幼稚園側は感じました。

　そこで幼稚園は，育児をしている母親は，大なり小なり同じ悩みを持っているのではないかと考え，交流を持つ場の提供として下記の演習を行いました。演習内容を紹介します。

　① 演習概要

日　時　2005年9月　10時～12時
対象者　C市　U幼稚園在園保護者
　　　　参加者　24人
　　　　育児中の母親
場　所　幼稚園の遊技場（室内）

　② 演習開始にあたって

　事前にお母さん方の交流を目的としていることを伝え，開始前に簡単なアンケートで家族構成や育児の悩み等を聞いておきます。おおよその参加人数を把

握しておきます。

　リーダーは，講師のUが行うことを伝えます。このセッションで，いってはいけないことや，間違いということはないので，楽しくリラックスして遊びましょうと伝えます。そして，いいたくないこと，したくないことは無理にしなくてもいいことも伝えます。また，ここで知った情報はここだけのこととして外に出たら言わないということの約束をします。全員が安心な場所であることを確認します。

　③ 演習の内容
セッション1：自己紹介「フルーツバスケット」

　椅子を円にして中心に向けて並べます。「スカートをはいている人」「めがねをかけている人」等，誰にでもわかる簡単な内容をいい，該当する人は席の移動を行います。その際，椅子は全員が座れるようにしておきます。5から10回くらいの移動をしてウォーミングができたことを感じたら，「生まれた場所（県内・県外）」，「家族の人数」，「核家族」，「子どもの数」，「子どもの年」等聞いていきます。この辺の質問から，同じ人を確認したり，インタビュー形式で情報を確認していきます。

セッション2：2人組の自己紹介

　「フルーツバスケット」でシャッフルされた隣の人と2人組を組んでいきます。その際，普段からよく知っていて親しい人は，できるだけ知らない人と組むように配慮します。2人組で一人3分ずつ自己紹介をします。聞き手は，受容的な聞き方を心がけます。

セッション3：6人グループで親友紹介（参加者が10人以下の場合は，全体で行います）

　セッション2の2人組は壊さず3組合同にして，6人グループを作ります。

　セッション2の2人は親友であることをイメージし，その他の4人に自分の親友を紹介していきます。その際，紹介者は，親友をイスに座らせ肩やイスに手をかけ寄り添うようにして紹介していきます。好意的に紹介をするよう促し

ますが，紹介直後，本人にとって心地よかったかどうかの確認をしそうでないばあいは本人に内容の訂正をしてもらいます。全員順番に行います。

セッション4：手の温かい順に並ぶ

　皆で自由に話し合いながら手の温かい順に並んでいきます。多くの人と握手をして話し合いで決定していきます。

＊大木みわ『人間関係を考える』2004年植草学園短期大学　公開講座で行われた演習を参考にしました。

セッション5：記念写真

　一列に並んだまん中で区切って12人グループを作ります（10人前後が最適です）。2チームにそれぞれのテーマを紙に書いて，他のチームにわからないようにそっと渡します。例えば，「遠足」「夏休み」「運動会」「お祭り」等，参加者全員が理解しやすいテーマにします。渡されたテーマをグループで相談し，グループでイメージを身体表現します。あたかも写真に写ったように静止します。それぞれのテーマで4枚の記念写真を作っていきます。完成したら，発表会をします。

　「写真を撮ります」の掛け声で，観客に目をつぶってもらい，「カシャ」で目を開けてもらいます。4枚の写真一つひとつについて，どんな写真なのか観客に当ててもらい最後に，テーマを当ててもらうというものです。

④　参加者の感想

　幼稚園の送迎で普段から顔見知りの人は多かったが，なかなか話すきっかけがなく遠慮していた。しかし，これからは気楽に話せる。地方出身者なので，自分の中によそ者意識があったが，県外の人が多くいて自分だけではないことがわかってホッとした。子育てについても，自分だけが大変，というのではないと思った。先輩のお母さんの自己紹介を聞いて，子育ては永遠に続くものではないと思った。久しぶりにおなかから笑った。

　たくさんの感想を全員に話してもらいました。

＊『子育て支援の新しい展開　－心理教育的プログラムの展開－』主催：財団法人

明治安田こころの健康財団　2005年度心理臨床講座1で行われた演習を参考にしました。

演習問題「私のサポートマップ」を作ってみよう。

集まった集団の共通テーマで行ってもいいでしょう。「子育て」「入試」「就職」等。

準備する物：各自6色以上のクレヨンやカラーペン

・白い紙（A4）

① グループ作り：ウォーミングをかねてグループ作りをします。

・バースデーライン（誕生日の月日　1月1日～12月31日順に並ぶ）作り。口は聞かずに手振り身振りで情報交換しバースデーラインを作ります。

並んだ順に，必要な人数（今回は4～6人）のグループを作ります。

配慮点：グループに知り合いがいる場合，できるだけ，顔見知りでないグループ編成になるよう配慮します。

＊大木みわ『人間関係を考える』2004年植草学園短期大学　公開講座で行われた演習を参考にしました。

② マップ作り（20分）

A4の紙に，自分を取り巻く人を○で表し，○の色や，大きさ，距離によって関係を表します。それぞれ自由な関係を線で表現していきます。表現方法は

＊「受容的で積極的な聞き方」は，意識して行わないとできないものです。本当に受容的になっているのか，下記のことを意識しながら2人組で練習してみましょう。
1. 笑顔を心がける。（真剣な表情は，怒っているように見えることがあります。）
2. 相手の顔や表情をしっかりと見る。
3. 相手の目線を穏やかに見守る。
4. 少し身を乗り出すようにして話を聴く。
   （＊「聴」という字は　耳＋目・心で聞くこと。）
5. 胸を開き，心を開いた姿勢をとる。
6. リラックスした気持ちで聴く。

例「私のサポートマップ：子育てを中心に」

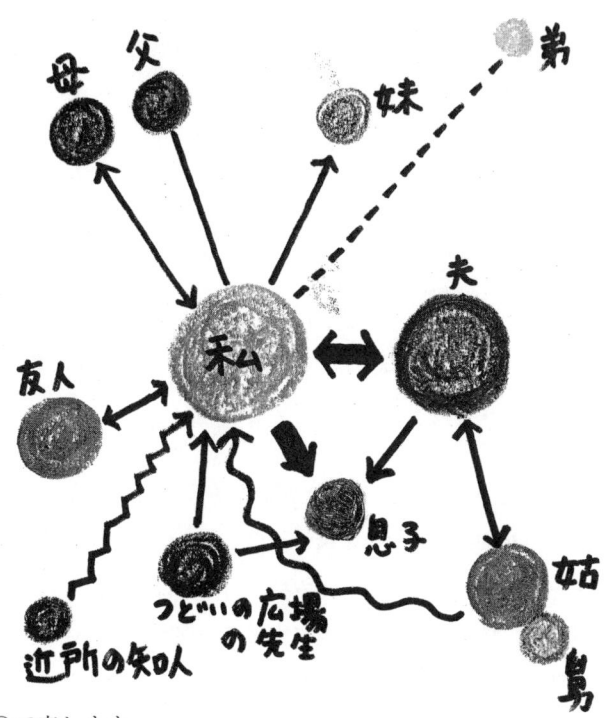

[図：母、父、妹、弟、私、夫、友人、息子、姑、舅、近所の知人、つどいの広場の先生の関係図]

・人を○で表します。
・矢印の方向や太さ，線の種類で関係を表現します。あくまでも参考なので，自由に表現します。
・⟷協力・→世話・――――疎遠・〜〜〜〜不安定・〰〰〰トラブル

基本的に自由です。

③ 4～6人グループでシェアリングと応援メッセージ（30分）。
・自分のマップを説明します。それに対して，聞き手は，受容的で積極的な聞き方を意識して聞き，応援メッセージを送ります。全員行います。

＊大木みわ『人間関係を考える』2005年植草学園短期大学公開講座で行われた演

習を参考にしました。

配慮点：安全なグループであるためには，約束事の確認をよくする。ここで知り得た情報は，ここだけのこととして口外しない。いいたくないことは，無理にいわなくてもいい等。

④ 全体での振り返り

全体で集まります。グループごとの感想や自分の感想を無理強いはせず自発的にいってもらいます。

＊『子育て支援の新しい展開　－心理教育的プログラムの展開－』主催：財団法人明治安田こころの健康財団　2005年度心理臨床講座1で行われた演習を参考にしました。

⑤ まとめ

「家庭福祉サービスのターゲット（図表4－5）」に示されているように，子育て相談は，子どもを育む環境のすべてに目を向けていくことが必要と考えるようになりました。これからの子育て支援の方向性は，親子を視野に入れ，関係性のアドバイス，日常的保育，子育て支援での保育との関連して相談受け入れ，指導的立場の講演でなくグループワークやロールプレイング等の導入により，環境の質の向上にも目を向けた新しい試みが始まっています。

子育てを孤立して行うと，疲れる原因になります。仲間づくりを行うことにより，育児家庭の連携を強化し情報交換を行い，子育てに安定感，疲労回復や生活の成長まで期待するところです。

参考文献
- 小田豊・神長美津子『子育て支援・預かり保育』チャイルド社，2003年
- 『子育て支援の新しい展開　－心理教育的プログラムの展開－』明治安田こころの健康財団 2005年度心理臨床講座1
- 『子育て支援，次の一歩 Part 2－持続可能な社会のための子育て支援について』（保育・子育て講座3）明治安田こころの健康財団，2005年

第2部　家庭福祉の事例研究

第5章　事例研究

❶ 子どもの育成環境としての家庭の支援
―児童福祉施設・幼稚園における子育て支援

図表5－1

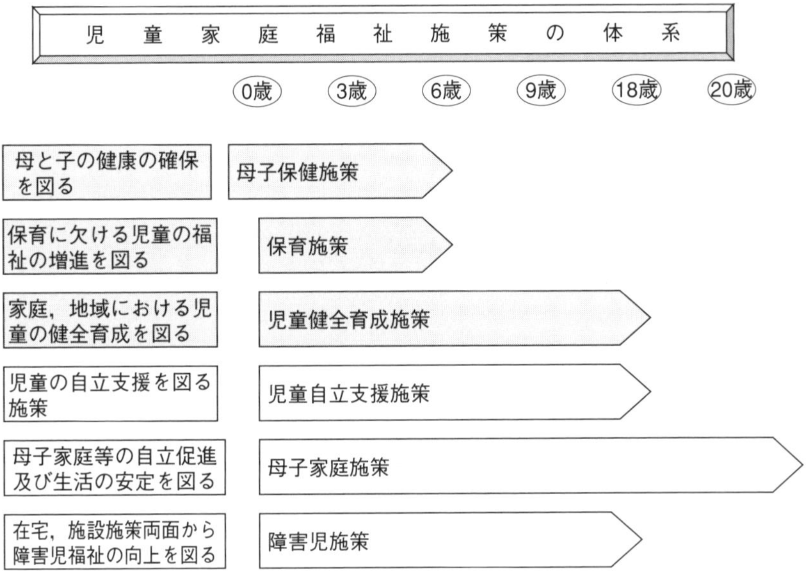

児　童　家　庭　福　祉　施　策　の　体　系

　　　　　　　　　　　0歳　　3歳　　6歳　　9歳　　18歳　　20歳

母と子の健康の確保を図る	母子保健施策
保育に欠ける児童の福祉の増進を図る	保育施策
家庭，地域における児童の健全育成を図る	児童健全育成施策
児童の自立支援を図る施策	児童自立支援施策
母子家庭等の自立促進及び生活の安定を図る	母子家庭施策
在宅，施設施策両面から障害児福祉の向上を図る	障害児施策

出典）社団法人　全国保育士養成協議会「会報　保育士養成」平成17年8月　No.50　総会特集号
　　　p.154

1）社会が求める保育所，児童福祉施設・幼稚園の役割

　児童家庭福祉施策の体系（図表5－1）をまとめています。母子の健康の確保を図る「母子保健施策」は妊娠した母親から6歳まで，保育に欠ける児童福祉の増進を図る「保育施策」は0歳から6歳まで，家庭・地域における児童の健全育成を図る「児童健全育成施策」は0歳から18歳まで，児童の自立支援を図る「児童自立支援施策」は0歳から18歳まで，母子家庭等の自立促進及び生

活の安定を図る「母子家庭施策」は0歳から20歳過ぎまで，在宅・施設施策両面から障害児福祉の向上を図る「障害児施策」は0歳から18歳までと施策の体系がまとめられています。

実際に保育所，児童福祉施設や幼稚園における取り組みと，現場の悩みを含めてを紹介します。今後の子育て支援のあり方を一緒に考えていきましょう。

2) **保育所における保育サービス**

① 保育所の動向

ここでは認可保育所について取り上げますが，保育サービスを提供する機関には，児童福祉法に規定され，区市町村や社会福祉法人が設置した認可保育所と，民間企業が設置主体であるいわゆる事業所内・ベビーホテル等の認可外の保育サービスがありました。しかし，2000年3月の保育所設置認可等に関する規制緩和により設置主体の制限がなくなり，民間参入が可能となりました。人員や設備等の制限はあるものの緩和されました。これは，都市に多い待機児童の減少に有効に機能することが期待されていたためです。

児童福祉法第39条に，保育所の目的は「日々保護者の委託を受けて保育に欠けるその乳児又は幼児を保育すること」とあります。保育所は，子ども（乳児又は幼児）の親（保護者）のもつ家族の条件により「保育に欠ける」子どもを保育しています。保育に欠ける状態から必要とする状態に社会のニーズは変わりつつあります。新エンゼルプランや子ども・子育て育成プランが推進するように制度的に，保育に欠けない子への支援は始まっています。

保育所の子育て支援では，子どもの生活そのものや家族の関係性や背景に目を向けていても，どのように手をさしのべていいのかわからないケースも多くありました。それは専門的で難しいことと考えられがちであったり，家庭生活の中に入り込むことはプライバシーの問題等でなかなか手が出ない現状がありました。関心を寄せながらも，子ども中心・預かり保育と専門相談の分離，問題や病気には目を向ける傾向にありました。ですから個別的で専門的で子どもの病気や異常に関心が集中せざるを得ない現状でした。

保育の場での立ち話的相談は、相談者にとって日常的で自然な会話から相談活動に入れることから、その役割が相談の入り口として見直されています。日常の連続である生活を通してよりよく変わることが自然な援助であると注目されるようになりました。また一方では従来どおり、相談の窓口となって専門的な援助を必要とするケースを見分け発見し、相談機関のネットワークにつなげることが重要な役割といえるでしょう。

事例①－1．どこまですればいいのだろう？

① 家族の状況

時　　期　　1996年～1997年頃

家族構成　　母　30歳代　会社員（母子家庭）

　　　　　　子（A男）4歳　　　男

② 母の状況

朝、夕送迎時に、A男の母親の様子が日毎に変わって行くのではないかと、保育士間で話題になるようになりました。2階にある保育室までA男を連れていくのに、外階段を2回休まないと登り切れないし、顔色もさえず、体がふらついている様子でした。

　ある時、A男の担任保育士が話しかけました。

・保育士：「お母さん。具合が悪そうだけど、どうかしましたか？」

・母：「一寸ここ数日、体調が悪くて眠れないし、ご飯もたべたくないんです。」

・保育士：「それは大変、つらいですね。時間があったら保育所で休んでいったらどうでしょうか？」

・母：「いいえ、大丈夫です。帰れます。」と言って階段を降りていく姿はやはりふらついているので、大急ぎで1階にいる所長に連絡をしました。所長もその姿から自転車に乗ることは不可能と思い、

・所長：「お母さん、遠慮せずに事務室にいらっしゃい。少し体を休めてか

らお帰りになった方が良いと思いますよ。」
・母：「でも，悪いし…。」
・所長：「ちっとも悪くないですよ。具合が悪いときは，どなたでもお互いさまですよ。」
・母：「すみません…。」とうながされながら事務室へ入る。事務室のソファーで，横になって休んでもらう。1〜2時間経過して目が覚め，ゆっくりと起き上がったのでお茶を入れ，話をし始めました。
・所長：「少しは気分が良くなりましたか？」
・母：「ええ，有り難うございました。」
・所長：「ご飯が食べられないということですが，つらいですね…。朝起きるのはどうですか？」
・母：「起きるのもつらいです。できれば寝ていたいですが，子どもを保育所に連れてくれば，そのあとは寝ていられるので無理して起きるのです。」と話しながら，ボーッとしながら現在の状況を語りだしました。

③ 相談の内容
・会社に行っても思うように仕事が手に付かないので，しばらく前から会社を休んでいますが，あまり長く休むと小さい会社なのでクビになるのではと心配です。
・子どもには食べさせないといけないと思い，パンを買ってきてそれで済ませているのですが，パンを買いにいくことすら体が動かず，これからどうしようかと悩んでいるところです。
・祖父母とは同じ県内に住んでいますが，電車でも1時間以上かかるところだし，結婚するときに勝手に飛び出してきたので，行き来や電話もままならない状態です。
・自分も病院に行きたいが，体もだるいしどこに行けばよいかも分からず，一日中殆ど寝てばかりいます。夕方の迎えもだんだんと遅くなってしまい，申し訳ないと思っています…。とのことでした。

④ 所長の判断
・公的機関の福祉事務所や保健所とも考えたが，ある程度の収入もあり今まで自立して生活をしていたので，今日明日という緊急の問題としてこの母子の食事援助や子どもの送迎を他に依頼することはむずかしいと考えました。
・民間のヘルパーを依頼するといっても，そこまで経済的な余裕があるとも思えません。そこで，保育所職員として援助できることは何かについて考えてみました。
ア．子どもは保育所に連れてくる。このことで母は，子どものいない時間の精神的身体的な負担を少しでも軽減できる。また，登所すれば子どもの昼の食事は保障される。
イ．母子の朝夕の食事については，所長個人としてお弁当を作り，提供する。
ウ．母の体調が悪くて子どもの送迎が出来ない時には，職員によって送迎を援助する。

⑤ 母と相談
早くお母さんが体力をつけて元気になって欲しいので，イ．のお弁当とウ．の送迎の件について話をすると，母は驚き，遠慮して，
・母：「そこまでしていただいては悪いので，何とか自分でも頑張ってやるよう努力します。」と言う。
・所長：「お母さんが具合が悪くて起きられなくなったり，入院ということになると，お子さんは児童相談所の一時保護で預かってもらうことになるのですが…。」
・母：「施設に入れるのは絶対に嫌です。あの子もそうなると内気な子どもなので，どうなるか分かりません。どうしたら良いでしょう？」
・所長：「今は，私の言ったように少しの間やってみませんか。困っているときに助け合うのはお互いさまと考えればどうでしょう。早く体力をつけて元気になれば，それでよいのですから。」

・母:「そんなに先生方に甘えて良いのでしょうか？，申し訳なくて。つらい時なので助かりますが…。」と素直に受け入れてくれた。

⑥ その後の様子

当初は事務室に顔をだしてもらい，さり気なく弁当2回分を渡すということにしました。少しずつ打ち解けてきたときに，所長が，「祖父母にも今の状態を話し，この機会に距離をちぢめられたら良いと思うのですが…。母さんから電話をしにくいのなら，私から話してみてもよのですが」というと，母親は，「どうせ駄目でしょ。」と言いながら電話番号を教えてくれました。

母親が帰宅したあとで祖父母宛電話をかけたところ，電話口に出たのはA男の祖母にあたる人でした。自己紹介の後，A男の様子を伝えたあと，その母親の現状を伝えました。そして，「勝手ではありますが，おばあさんから娘さんに元気づけの電話を入れて頂けるよう」お願いしたところ，いともあっさり「娘は勝手に出ていった者で，もう自分の娘だとは思っていません。どうなろうと私は知りません。そちらで勝手にやってください。電話はこれ以上かけないでください。」と心配も驚きもせずピシャリと断られてしまいました。娘から直接母親に電話を入れなかったことや，過去の事について娘から何らかの歩み寄りや詫びの意思表示もなく，突然，他人からの働きかけではかえってマイナス面だけを残してしまったのではないかと大いに反省し，A男の母親には，「余計なことをしてかえってお母さんやおばあちゃんの心を傷つけてしまい申し訳ありませんでした。」と心からお詫びをしました。

ひと月を過ぎようとする頃，母親から，「会社から連絡があり，これ以上休むようであれば辞めてほしいといわれました。辞めさせられたら，今後，どう生活していけばよいのか分からないのです。」と相談を受けました。

母親は，まだ出勤できるほど回復していないし，ようやく子どもの送迎が出来る程度になったばかりで，食事もまだ満足に作れない状態でした。

そこで，母親の状態を一番よく知っている所長が，母親の代理として会社の上司に会う以外ないと判断し，母親の了解の上で会社へ行きました。今までの

状況を説明して，何とか病気休暇のかたちでもう少し休みが取れないものかと交渉しました。何回か会社に通ううち，「あまり療養休暇扱いにした例はなく，しにくいのですが，その方向で考えてみましょう。」といわれてほっと胸をなでおろし，母親にその事を伝えました。

母親は喜んで安心したせいか療養にも前向きの姿勢をみせ，あらかじめ保健所に相談してあったこともあり，保健所の保健婦による助言から精神科を受診するようになりました。

⑦ 保育所職員からの疑問

その頃，保育所では，職員による送迎は一段落したものの，所長による弁当の提供はまだ続いていました。主任保育士からも「私も協力しましょう」と申し出でがあり，2人で交代で弁当づくりをするようになりました。

そのようなある日に，ひとりの保育士から，「私たちは，保育所保育指針の内容をよく理解したうえで保育にあたっています。保育指針の中には，『保護者の協力のもとに家庭養育の補完をおこない…』とありますが，その家庭養育の補完とはどこまですることなのでしょうか？ そして福祉とは何なのでしょうか？」という根本的な質問をうけました。

そこで，所長は「目の前にいる子どもの健全な発達が阻害されかかっているときに，他の機関や第三者に頼ることが即困難と判断したので，当座の間，自分たち（職員も含めて）で出来ることを申し出ました。児童福祉法では，『すべて国民は，児童が心身ともに健やかに保育されるよう努めなければならない』とあり，保育の定義でも『保育に欠けるその乳児又は幼児を保育する』とあります。

このことからも福祉に携わる者として，この母と子が，日々健やかに生活を営むことが出来るまで，支援を出来る限りしたいと考えたので援助してきました。どこまでという線引きは難しいが，他の公的機関の範疇を侵害したり誰かの身体的，精神的経済的な負担を一方的に強いることはしていないつもりです。また，保育士には保育に専念して欲しいので，常に状況を報告し，協力できる

ことは何かを話してきたつもりでいました。」と説明して職員の理解を得ました。

その後，母も通院治療の甲斐あって体力もつき，送迎時の保育士の暖かいまなざしやことばかけで，精神的にも安定して明るさも取り戻してきました。大変だったお弁当づくりも不要となり，3ヵ月後位には職場復帰ができるようになりました。

⑧ おわりに

さまざまな悩みやストレスを抱え，子育てをひとりでせざるを得ない人やひとり親家庭の増加等家族の多様化や育児力の低下による問題も多くなっていると思われます。保育士がいった「何処までが福祉の範疇なのか，家庭養育の補完なのか」また，「子どもの最善の利益」を考慮した支援のあり方等も更に複雑化しているものと考えられます。

このケースは，保健所との連携だけでした。しかし，ケースによってさまざまな公的機関やボランティア等とも関連を広げたネットワークづくりを保育所が中心となって組織化することや，子どもの健全な成長発達を保障するとともに，家族が自立して子育てが出来るまでの過程をしっかり支援していくことが，強く求められているのではないでしょうか。

3）幼稚園における保育サービス

① 幼稚園の動向

幼稚園は図表4－3にあるように，文部科学省の管轄にある学校です。学校教育法第77条に「幼児を保育し，適当な環境を与え，心身の発達を助長することを目的とする」施設であると示されています。対象は満3歳児から就学前間での幼児で，教育時間は4時間を標準としています。幼稚園の入所条件は，保育所と違って特に規定はありません。男女社会参画社会になり，仕事をしながら子育てをしたい保護者がふえてきました。しかし，幼稚園教育の機能は，保護者の就労と子育てを考慮した上での保育形態が十分に整備された施設はなく，上記の教育時間からしても，その機能を持ち合わせるには至っていませんでし

た。

② 子育て支援について

1998年12月，文部省より新しい幼稚園教育要領が告示されました。特に留意する事項として，新しく「地域の実態や保護者の要請により，教育課程に関わる教育時間の終了後に希望するものを対象に行う教育活動」いわゆる「預かり保育」についての記述があります。2002年4月から，幼稚園も含め学校教育は週5日制になりました。ますます「預かり保育」等のニーズが高まってきました。多くの幼稚園では保育終了後や夏休みを中心に預かり保育が実施されました。また，「子育て支援のために地域の人々に施設や機能を解放して，幼児教育に関する相談に応じる」など，「幼児教育のセンター」としての役割も求められています。

幼稚園教育は，「幼児の心身の発達に考慮しながら」とあるように，家庭との連携のもとに，家庭教育，地域教育を大切にしてきました。「預かり保育」等が子どもの心身の発達の助長に良い影響を与えるのか，日々の保育の質に影響しないのか，今後の課題は確かにあります。

③ これからの子育て支援：預かり保育

子ども・子育て応援プランでは，「幼稚園における地域の幼児教育センターとしての機能の充実」として，保育者と地域のニーズに十分応えられるよう，預かり保育や子育て支援事業を推進する，とあります。社会のニーズに合わせ弾力的に，そして十分方法等研究し取り組みをする必要があります。

ア．預かり保育や子育て支援事業の対象は，どうするのか。今現在実施している幼稚園では，通園している園児の希望者に限られているところが多いようです。ますます地域全体の乳幼児の子育て支援に目を向けていく必要があるでしょう。

イ．家庭が必要とする時間預かり保育を行います。幼稚園の実状に沿って，必要とする時間の取り決めは十分検討しなければいけない問題です。

ウ．預かり保育や子育て支援は，幼稚園の保育終了後や幼稚園の休みの日に

行われることが多いようです。保育中の並行的保育や保育後の長い保育時間等，幼稚園の教育課程との関連や，子どもの発達，場所的なこと等，十分配慮しなくてはいけない問題があります。

　エ．保育内容の連携や，子どものあらゆる保育中の情報や問題について教諭同士の連絡はもちろんのこと保護者への連絡は大切です。

　また，幼稚園としての機能を十分活かしながら幼稚園では解決できない問題に対して，他の専門機関や専門家との連携は重要な事項になってきます。

事例①－2　子育て支援「つどいの広場」事業（K幼稚園の取り組み）
つどいの広場

　C市K幼稚園では，地域に開かれた園作りの取り組みとして「つどいの広場」事業を行っています。

　子育て支援「つどいの広場」は，次世代育成支援対策法に基づく市町村行動計画においてのひとつの試みとして，① 身近なところで，いつでも気楽に集える場所であることは，子育て家庭のニーズに合うこと。② 安心して子育てができる場所であることは，子育てが楽しく感じられ，第2子をもうけることに自信がつながること等の利用者の声を反映させること。③ 運営費の効率性を図ること。④「つどいの広場」の利用者の声からさらなる子育て支援事業の取り組みをし，さらなる子育て支援の展開を図ること。⑤ ボランティア，スタッフとして運営に参画する地域の女性，高齢者等の自己実現の場。商店街の空き店舗，倒産した百貨店・スーパーの跡地等の効果的な有効利用策。高齢化した商店街の活性化，近隣での女性・子ども向け商品の売り上げ増加等の波及効果をし，「つどいの広場」は地域振興の拠点となること。⑥ 失われつつあるコミュニケーションの再生につなげ，中学校区ごとの整備を行うこと等，6つにポイントを置いて整備されています。

内容等

子どもを遊ばせながら息抜きと情報交換を

　幼稚園の保育室（地下室全フロアーつどいの広場用）を使い，専任の教職経験のある50代の夫婦が担当しているので，利用者の母親にとっては親世代，子にとっては祖父母世代の夫婦なので，家庭の雰囲気をかもし出しています。そして20代の幼稚園教諭も担当しています。

　基本的に火・木・金の9時から14時30分まで親子で自由に遊べる時間です。

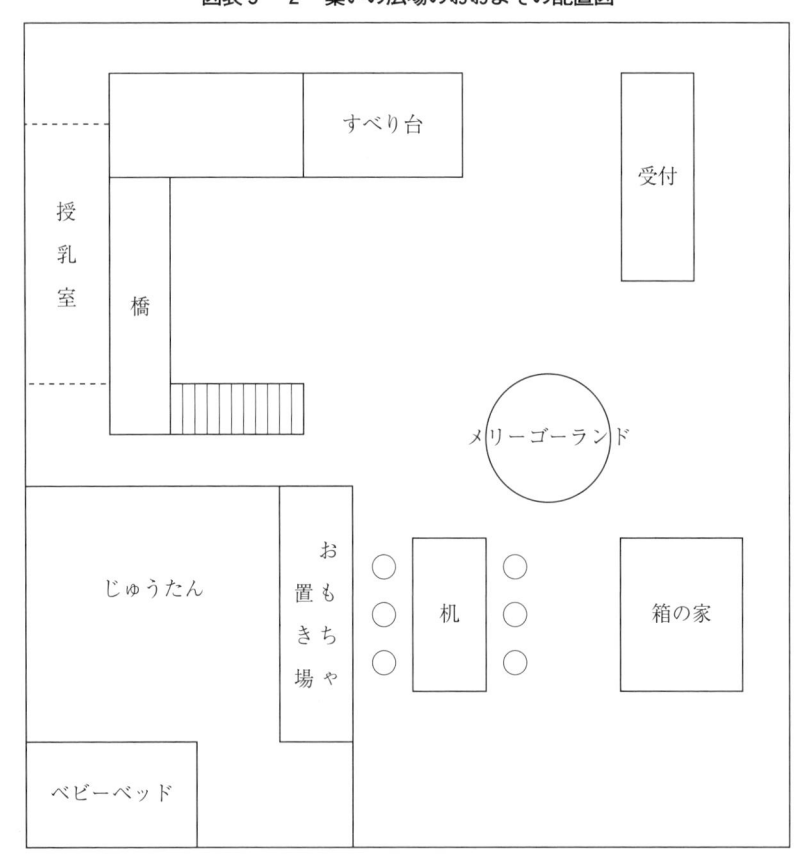

図表5－2　集いの広場のおおよその配置図

利用にあたっては無料です。最初の来園の際、「カード」に名前と大まかな住所などを記入します。

子どもを遊ばせながら母親同士のおしゃべりを通して息抜きをしたり、先輩お母さんや担当者に育児体験を聞いたりします。担当者は子どもの病気や障害等の相談にものりますが、専門機関の紹介を必要に応じて行います。

考察

家庭を中心に子どもを育てたいと思っている人たちにとって、いずれ子どもを通園させるであろう幼稚園という環境の中で、子どもを遊ばせたり、育児相談をすることは、生活圏内であるため自然な環境で有効なことです。そういう意味で、未就園児の親子登園について、幼稚園の特色を生かし、親と子どもの両方からの支援ができると考えられます。子育てや子どもの集団生活へ入っていく不安の軽減だけでなく、もっと積極的に子育ての楽しさを味わう場であってほしいものです。子どもにとっても、親と一緒にいる見守られている安心感のもとで、幼稚園という恵まれた環境の中で、年の大きな子どもたちや友だちと出会ってのびのびと育ってもらいたいものです。

また質の高い保育や子育ての情報交換や講習会等の機会を与える場として、活躍が期待できます。

4）児童養護施設における保育サービス

親の養育を受けることのできない子どもの保護は、子どもの問題というより保護者側の問題といえるでしょう。しかし、歴史的背景によってその問題も大きな変化をもたらしています。戦後1950年代後半までは戦後の孤児や貧困のために養育できないための援助でした。1960年後半からは日本経済の高度成長時代に入り経済物質に恵まれ養護支援の内容が様変わりしてきました。虐待、不登校、家庭内暴力等問題が複雑に深刻になってきました。1990年代後半には児童福祉法が改正され、施設利用者のみを支援するのではなく児童養護施設の機能を地域の子育て支援に役立てていく時代を迎えました。

「子ども・子育て応援プラン」では，児童養護施設の役割を大きく打ち出しました。子育ての新たな支え合いと連帯として「気楽に利用できる子育て支援の拠点の整備」の中で，ショートステイ事業を推進すること。2004年度569か所から2009年度870か所へ（全国の児童養護施設，母子生活支援施設，乳児院の約6割で実施）。トワイライトステイ事業を推進すること。2004度310か所から2009年度560か所へ（全国の児童養護施設母子生活支援施設，乳児院の約6割で実施）。保護者の疾病や育児疲れ，恒常的な残業などの場合における児童養護施設等での児童の一時的な預かりを推進する事が求められています。

事例①-3．児童養護施設での子育て支援の事例

① 家族の状況

　　問題発生当時（2001年）

　　父32歳（会社員）義母22歳（専業主婦）

　　本児（D男）男6歳　異母妹（E子）1歳

② 問題の発生と経過

・両親はD男が生まれるとすぐに離婚，その後一度結婚して別れているので，今の母は父の3番目の奥さん。

・若い義母は良い母であろうと努めるあまり，良い子の型にはまるように求めて過干渉になり，思う通りにD男が動かないと，こづいたり，つきとばしたりするようになりました。

・D男は義母に甘えたい気持ちを表現するより先に，義母の気に入るような自分を表現しようと努めてみましたが，本来の自分との葛藤の中で，次第にウソをついたり，わざと大げさに転んでみたり痛がったりと不自然な行動が多くなりました。この行動は義母の怒りを買い，問題児という烙印と共に虐待行為はエスカレートして行きました。

・そんなある日D男は家の2階の最上階から落ちて大ケガをして，病院に運ばれ，問題が表面化しました。D男は義母がつきとばしたといい，義母は

自分で落ちたというのです。
・通院後児童相談所に保護されたD男は，児童養護施設に措置されて，施設で元気に学校に通っています。頭の良い，感受性も強い，えくぼの可愛いごく普通の男の子です。

③ どんな働きかけをしたか

・D男に対して

　生まれてすぐに実母から離され，3人目の義母には厳しく育てられたために，D男には，思いっきり抱きしめられたり，可愛いね，良い子だね，と満面の笑顔で声をかけられたり，愛撫されたというような体験がありません。そのために施設ではまず受け止め「愛しているよ」のメッセージを届けるように努めました。「ここはあなたの二番目の家だから安心して生活していいんだよ，他の子も皆そうしているように，先生にはうんと甘えていいんだよ」という思いをできるだけ伝え実行してきました。

・親に対して

　月1回来園してもらい，D男の報告と親の気持ちを聞きます。その際D男の良いところを大げさに伝えることと事実をしっかりと伝え，その行動がどこから来ているのかを親と共に考えます。例えば，

職員「お母さん，D男くんはうそはまだ直っていませんよ，この間友だちの縄跳びの縄を黙って使って持ってきてしまったのに，使っていない，持って来ていないというのです。」

親　「やっぱりまだ直らないんですね。」

職員「でもなぜウソをつくのでしょうね。うん使っちゃった，ごめんと言えばすむのに。」

親　「そこがD男のだめなところですよ，厳しくやって下さい，直してあげないとね。」

職員「どうやったら直ると思います？　お母さんが厳しくやっても直らずにここまで来たんですよね。だとしたら逆にしてみてはどうでしょう。」

親　「えっ，それじゃあ今度はいい気になって，もっとウソをつくでしょう。」

職員「そうですかね？　厳しくしてだめなら，やさしくしてみたらどうでしょうね」

親　「………。でもどうやって。」

職員「ウソをつくのは，おこられるのが怖いからでしょう。悪いことをしたら，それが悪いことであることを教えなければならないけれど，そのやり方について考えてみないとね。もう悪いとわかっていても，とっさに自己防衛的にウソが出てしまうこともあるし。お母さんはいつもどうしていたんですか。」

親　「うーん，私はー。やっぱり，こっちが頭にきて，我慢できなくなって，もろにひっぱたいたりしちゃうんですよね。」

月1回の来園時にこのようなカウンセリングをすることと，D男と共に一家で近くに食事や買い物に出かけて親子の関係の修復に努めたりすることを繰り返します。

④　どのように変化していったか。

・D男の変化

顔つきがやわらかくなり，義母の口から「何か普通の男の子みたいになりましたよね。」という言葉が出ました。だんだんとウソやわざとらしい行動が直っていって，施設にいる間は問題はなくなりました。

しかし家に帰ることについてはとても慎重で，D男本人は4年生の夏，いや5年生か小学校を終えるまでここに居るというのです。ここに居る時に会う義母はやさしいけれど，家ではどうか，まだ不安だと。

そこで年に何回かの帰省の期間を長くして，家での自分の居場所作りをするよう努めさせました。最近ではあまり緊張しないで家に居られるようになったといい，いたずら盛りの妹E子の相手に"疲れちゃう"といいながらも楽しそうに話している姿があります。

D男の成長と合せて,「家での自分」をしっかり確立できるように支援しています。家に帰れる日が近づきました。

D男「家に帰っても,ここ(施設)に来ていいの?」
職員「うん,もちろん遊びにおいで,相談事でもいいよ。」

・母親の変化

「普通の子」の顔付になったD男を,義母は可愛がろうと努力している姿がみられますが,義母の方も家に帰ったら,又かたくなな姿にもどるのではないかという不安を抱いています。しかしむずかしい年頃になる前に家に帰して欲しいとも考えているので,後半は帰省した時の対応についてアドバイスをするように努めました。

・父親に対して

ここまで父親は姿を表わしませんでしたが,来園をうながし,「この子は男の子ですから,特に父の存在がこれからは大事になる」と父には来園の度に話をしてきました。父は口数の少ない,おとなしい,みるからに人の良さそうな人です。

この子をしっかりと受け止めてやって欲しいと。

職員「お父さん,E子ちゃんがとってもお父さんにまとわりついて甘えてくるでしょう? その時お父さんは思いっきりの笑顔で受けとめて,一緒に転がったりしていますよね。」
父 「うん,まあ,そうですよね,こいつは元気がいいから」
職員「その時,D男くんはどうしています?」
父 「側でみていますね」
職員「その時にね,お父さん,側にいるD男くんに手をのばして抱き込んで三人で一緒にじゃれ合うようにしてあげて下さい。今までお父さんはD男くんとE子のようにまつわりついたりじゃれ合ったりしたことはなかったんでしょう?」
父 「うん,まあ,そういえばなかったですよね」

職員「だから,今からでも遅くないから,家に帰った時にはそうしてあげて下さいね」

父　「はい,やってみます」

職員「悪いことをしてしまった時も,頭から叱らないで,"君は俺の大事な子だから"とちょっとキザな文句だけれどいっておいて,訳を聞くように,自分の言葉で話をするように,できるだけがんばって叱り方を変えてみて下さい」

　　義母にもこの子の良い所が離れていることによって良く理解できた訳だから,ウソや不自然な行動がみられたときには,むしろ,自分のやり方にどこか彼を追い込むような所がなかったか,など反省してみることも必要だと話し,"そうですよね"と解っていただいた。このことは,下のE子の養育にとっても大切なことなので,是非忘れないで試してみて下さいと何度も伝えました。

⑤　今後の展開について

良い方向に向かっているので,児童相談所と相談の上,D男は間もなく家に帰れることになりました。長い休みの区切りを利用して転校することになるので,その間に児童相談所は相談所としての親とのかかわりの大詰に入りました。

⑥　課題として

虐待ケースとして預けられたD男の場合,親元に帰すことについては慎重であるべきですが,3年間にわたる親との交流と働きかけによって,双方に一緒に住みたいという希望が生まれたことが,親元に帰す大きな鍵になりました。しかし帰った後のケアがなければ,再び家庭崩壊がこの家族をおそうかもしれません。虐待ではなく,今度は思春期になったD男の対応の間違いによって。

そこで私たちはいつでも相談を受け付けるという意志を告げ,他の相談機関にもつながっていることを伝えておくことにしました。帰宅後のケアをしっかりして行くためのシステム作りが今後の課題です。

⑦ 考察

　このケースは義母のこの子に対する過剰反応（良い子に育てなければという強迫的な思い），経験不足（子の試し行動に対する理解と受け止めができなかった），育児不安などから起こった問題です。ともすると，ウソをついたり不自然な行動をする問題児と子どもに原因をもって行きがちですが，子どもには何も責任はありません，周囲の大人たちはそのことを理解し，どのようなかかわりをしたら良いかを考えて，自分たちの働きかけを変えて行くことから始めなければならないと思います。

---- 考えてみましょう ----

　次世代育成支援が各地で実施されつつありますが，子育ての専門的拠点となる保育所や保育園の職員が核となり，地域に根ざした活動をしていく時代ではないかと考えています。保育所保育士としてどこまでやればいいのでしょう。みなさんで話し合ってみてください。

❷ 障害者生活支援事業所で扱った事例
（障害児を育てる母子家庭からの相談）

1）はじめに

これまでの国の障害福祉施策は，障害種別ごとに縦割りでサービスが用意されており，施設・事業体系がわかりにくく，そのサービスの内容も限定されていました。また，サービスそのものも，施設を拠点に提供する方法が中心でした。

しかし，近年，障害のある人が主体となり，必要なサービスを選べるようにしたり，地域で生活しやすくするための支援が求められるようになってきました。これらの動向を受け，支援費制度を経て，成立したのが障害者自立支援法（2005年10月）です。

一方，こうした国の福祉施設の改革を待たずに，公的制度によらない民間の事業所による福祉サービスが，各地で活発に展開されています。これら民間の事業所によるサービスは，自由度が高く，コーディネーター的な役割や，送迎サービスなどにも取り組んでいたりします。また全国一律のサービスではないので，それぞれの地域の事情にそくした活動ができるというメリットももっています。

ここでは，そうした制度外の事業所が中心になって，地域のさまざまな社会資源がコーディネートされた事例を紹介します。

2）障害児を育てる母子家庭において，母親が病気になったことをきっかけに，その母親の自己実現にまでひろがった支援の事例

① 事例概要

家族構成：母親と14歳の少年の2人暮らし。少年は知的障害があり，自閉的傾向もみられる。小学校時代は普通学校の特殊学級に通い，中学からは養護学校に通っている。相談当時は，生活保護を受けていた。

生活歴：T県生まれ。小学校は普通校の特殊学級。卒業後，養護学校の中学部

に在籍。

相談経過：市役所から紹介されて，母親から直接連絡。母親自身が5日間入院することとなったが，急なことで市役所では対応できず，障害児を預けるショートステイ先がみつからない。仮にみつかったとしても支援費の受給量が5日に足りず，利用できるかどうかがわからないとのこと。母親入院中の障害児の宿泊を伴う預かりを希望。

関係協力機関：他の制度外生活支援事業所，送迎サービス事業所，民間の障害児放課後活動，支援費制度事業所，養護学校

利用サービス：生活支援全般

② 援助経過

支援は，2つの段階に分かれました。最初は母親が入院している間の少年の預かりです。

連絡を受けた事業所は，制度外の事業所の中でも特に自由度が高い事業所でした。予約がなくても緊急性が高いことには対応し，サービス内容も多岐に渡っています。相談経過にあるとおりの連絡を受けると，すぐに担当者がその家に向かいました。

支援の希望は入院期間ということでしたが，入院の準備があるために1日早くから。そして長引いた場合には退院予定日以降も預かりを続けることで日程を決定。さらに少年が自閉的な傾向を持ち，はじめて会う人や，はじめての場所に慣れる時間が必要と思われたので，支援開始日までに2回，学校帰りに数時間の預かり練習の機会を設けることとしました。

この一連の支援はスムーズに行われ，少年は事業所で宿泊している間も，事業所の車で学校に登校し続けました。それまで学校行事以外では宿泊したことがなかった少年について，学校の担任の教師から事業所のスタッフに対してさまざまな助言もありました。

予定通りの5日間の入院が終わり少年は家に戻ったのですが，その数日後，母親から新たな相談がありました。それが支援の第2段階です。

「障害児を持って,働くことを諦めていました。でも今回のことで,普通の子どものように息子を預けて,働けるのではないか。できるのであれば,お金のためというよりも,自己実現の意味で仕事を持ちたいのです」

この相談を受けて,事業所は資源のコーディネートをはじめました。母親が働くことを考えると,支援は期間限定ではなくなります。その場合,一事業所では限界があるからです。

まず,新たな支援の核として,障害児放課後活動の事業所に連絡をとりました。これは一般の学童保育のようなものです。学童保育を利用できない障害児が多くいるために,障害児対象に作られました。事業所によって異なりますが,連絡をとった事業所は高校卒業まで利用することができるところです。ちょうど空きがあり,障害児本人の体験的な利用を経て,通うことができました。

その放課後活動の事業所は土曜日も開所していて,母親は希望する職種の仕事に就くことができました。しかし,残業等で放課後活動の時間までに迎えに行けない時があります。そんな時のために,他の生活支援事業所や送迎サービス事業所,支援費事業所とのネットワークも構築しました。最初に相談を受けた事業所も含めて,複数の事業所が放課後活動の届かない時間帯のフォローに入り,母親は現在も続けて働いています。

3）事例分析

ここに示したのは,母親の入院という緊急事態への対処から,そのことをきっかけに,母親の念願であった就労という自己実現の支援につながった事例ですが,これは,家族支援のあり方の移り変わりを示しているともいえます。

社会的に,家族の問題には家族や親類内で対処すべきであるという自助原則が長い間続きました。社会福祉サービスが家族の問題にアプローチするようになったのは,歴史的にそう古い話ではありません。

障害児とその家族への支援については,まず,家族の危機を前提に対応が始まりました。かつて,多くの自治体で「緊急一時保護」という制度が用意されていましたが,このサービスの名称は,そのまま制度のありようを示している

といえます。

　家族の危機への対処から，次に用意されるようになったサービスが，負担軽減としてのサービスです。家事支援のための「ホームヘルプサービス」や一時的に世話をする「レスパイトケアサービス」などがその代表です。障害児をもつ家族は，子どもの送り迎えなど，子どもとつきっきりの生活を余儀なくされます。このような家族の負担が社会的に認められるようになり，公的なサービスも次第に用意されるようになりました。

　「危機への対処」から「負担の軽減」へと家族支援のあり方は推移してきましたが，この事例にみられるように，家族構成員の自己実現など家族全体の生活の質を考慮した支援は始まったばかりです。

　また，サービス提供のありかたも，公的機関による画一化・集約化されたサービスから，家族のニーズに応じて個別的に対応するために，民間を含めたさまざまな社会資源を利用することが模索されるようになってきています。

　以上のような家族支援に関する動向を踏まえながら，次に事例の分析を行いたいと思います。

　まず，家族構成ですが，事例の家族は，母子家庭で親類も遠方のため，母親に何かあれば，とたんに家族の危機が生じる状況であったといえます。母親が外出することもあまりなく，頼る先もほとんどありません。母親が働きに出かけられないため，経済的にも厳しい状況です。この家族は，生活を営む上で，かなりリスクの高い状況であり，関係者からみれば，ふだんから，「気にかけておく」必要があった家族でもあったといえます。

　母親が頼れる先は，生活保護受給のために関わっていた市役所の福祉課と養護学校の先生だけでした。そこで，まず母親は市役所の福祉課に相談しました。しかしショートステイ先は満員で，支援費の受給量も足りなかったため，福祉課の担当者は，民間の福祉サービス事業所を紹介しました。このように，制度は用意されていても，必ず利用できるとは限らないことも承知しておくとよいでしょう。また，母親は，市役所に相談するまで，ショートステイなどのサー

ビスが用意されていることも知らなかったし，利用にあたっては，事前の登録が必要なことも知らなかったといいます。この事例のように，地域との接点が少ない家族は，サービスそのものの存在を知らないことが往々にしてあります。

　この事例の場合には，市役所の紹介によって，民間の福祉サービス事業所に母親が出会うことによって，危機の解決が図られました。

　連絡を受けた事業所の担当者は，すぐにその家庭に訪問しましたが，これはとても重要なことです。支援にあたり，まず最初に行うことは，家族から直接状況を聞き取ることです。訪問が可能ならば，家族の自宅まで訪問することによって，家庭の状況についてうかがい知ることもできます。何より，家族にとっては「すぐに来てくれた」ということが，大きな安心感につながります。後で母親は，「すぐに来てくれたことがうれしかった。あの頃は，不安がいっぱいで夜も眠ることができなかったから」と述懐しています。

　当初は，入院期間だけの預かりの希望でしたが，担当者が親身になって相談に応じてくれたので，家族は安心し，これまで遠慮していえなかったことも伝えることができました。その結果，入院の1日前から預かること，また，子どもが慣れるために，事業所に体験的に利用することが決まりました。このように，家族との相談では，家族の意向を踏まえて，解決の方向性を探っていくことが基本姿勢となります。

　母親が入院している間，事例の事業所は，登下校の送迎を行いましたが，事業所によっては，送迎サービスを用意していないところもあります。その場合は，送迎サービスをしている事業所を利用するか，養護学校の担任に相談してもよいでしょう。

　母親は事業所に出会うことによって，「もしかしたら働けるかもしれない」と思うようになりました。ここでも事業所の担当者は，母親の意向を尊重する方向で支援を行いました。毎日，子どもを預かってくれる場所を探さなければなりません。そこで，障害児も預かる放課後活動の民間事業所に連絡を取り，

そこで子どもを預かってくれることになりました。

　この過程でみられるのは、母親の「気づき」です。頼る先がみつかるまでは、考えてもみなかったことが現実のものになってきたのです。母親は、これまでひとりでさまざまな問題を抱え込んでいましたが、入院をきっかけにして、自分だけで抱え込まなくてもよいことに気づきました。この母親のように、「自分の家庭のことは、自分だけで」と思い悩んでいる家族は少なくありません。このような家族の場合には、利用できるサービスを紹介するとともに、体験的に利用することを勧めてもよいでしょう。夢を実現した母親は、入院前よりもずっと表情が明るくなり、いきいきと働いています。

4）まとめ

　この事例のように、生活上高いリスクをもっている家族は、ふだんから、地域に気にかけてくれている人が存在するか、否かによって、その安定に大きな違いがあります。ふだんから気にかけてくれている人は、親族以外では、ご近所の人であったり、自治会の役員の人であったり、地域の民生委員であったりさまざまだと思います。このように気にかけてくれる人がいる場合には、早い段階で家族のSOSをキャッチすることができます。しかし、地域の支え合いは少しずつ希薄になりつつあります。ふだんから気にかけてくれている人や、付き合っている人がほとんどいないという家族も多くなりました。このような場合には、家族のSOSをキャッチするのがむずかしく、SOSを察知した段階では、すでに問題が深刻化していることが少なくありません。

　近年、施設や養護学校にコーディネーターが配置されるようになってきました。この事例のように、当面の問題解決のために、さまざまな資源をコーディネイションすることはもちろんですが、地域の民生委員や自治会などと協力して、地域に支え合いのネットワークをつくっていくことも、コーディネーターの重要な仕事のひとつです。

　家族にとっては、「頼れる先がある」「気にかけてくれている人がいる」だけで、大きな安心感となります。なにかあれば気軽に相談できる相手となること

が，支援者に求められていることなのかもしれません。家族に頼りにされ信頼されるには，家族の意向を踏まえた支援を提供することが大切になります。家族の意向を踏まえた支援といっても，支援者側にとっては，条件も限られることが多く容易ではないのですが，この姿勢をもって対応にあたることが重要であると考えます。

考えてみましょう

少年は，養護学校中学部卒業後，就職したいと考えています。就職にあたって，どのような機関の協力が得られるでしょうか。

---

❸ 女性問題と家庭福祉

1）はじめに

　家庭は夫婦，親子などが，お互いの意思を尊重しあいながら共に暮らす生活共同体であり，その生活共同体の中で一人ひとりが自ら考え，決定し，実行する主体性を尊重し，自立性・創造性・社会性を育成し，高めていくことに家庭の存在意義があります[1]。家族は，家庭の中で何か問題が起きた時，共に助け合って，問題解決に当たります。また，家族の誰かに喜びがあると家族全体で喜びに包まれます。生活する中で経験する喜び苦しみを共にすることで信頼関係が生まれ，家族の絆が深まっていきます。

　しかし，最近家庭内で解決が困難とされている問題のひとつとして，DV（ドメスティック・バイオレンス）[2]があげられます。これは昔から家庭内に隠れた問題として存在していましたが，近年，民間シェルターの活動が表面化し，公的なDV相談機関や女性相談センターなどの設置により相談者が増加し，人権問題として取り上げられるようになりました（図表5－3）。

図表5－3　配偶者暴力相談支援センターに寄せられた相談の内訳
（平成14年4月～平成15年2月分　内閣府取りまとめ）

相談の種類件数

来所	10,139
電話	21,952
その他	882
合計	32,972

性別相談件数

女性	32,838
男性	135
合計	32,973

被害者の年齢別相談件数

20歳未満	313
20歳代	4,880
30歳代	10,491
40歳代	5,912
50歳代	3,971
60歳代	2,295
不明	5,111
合計	32,973

　暴力は自己への従属を強いるために，あるいは感情の捌け口とするために用いるなど，相手の苦しみや屈辱を無視して行われるものです。対等な人間関係

の下では生じえず，力により他者を支配するための手段として行われているものといえます。暴力は子どもにも重大な影響を与えます。子どもが暴力に巻き込まれけがをすることがあります。また，暴力をふるわれている母親が，子どもを虐待する場合もあります。暴力を目撃して育った少年は，成人してから女性のパートナーに暴力をふるう可能性が高いという報告もあります。

被害者の多くは女性で，「暴力をふるわれていることは恥ずかしい」と世間体を気にし，「離婚しても生活費を稼ぐ自信がない」，「子どもが成人するまで」と我慢している場合が多くあります。警察庁によると，平成15年に配偶者間（内縁も含む）における検挙件数は1,718件で，その被害者の91.6％が女性でした。また，平成14年に内閣府が行った調査では，配偶者等から暴力を受けた経験のある人のうち「警察に連絡・相談した」と答えた人は2.4％と低い割合となっています（図表5－4）。多くの被害者が潜在していることが推測されます。

ここでは，DVに関する2事例を紹介します。1例目は子どものために離婚することをためらい，家庭にとどまっている人への援助事例です。2例目は，夫の暴力によりけがをし，子どもを連れて逃げ，自立して生活できるまでにな

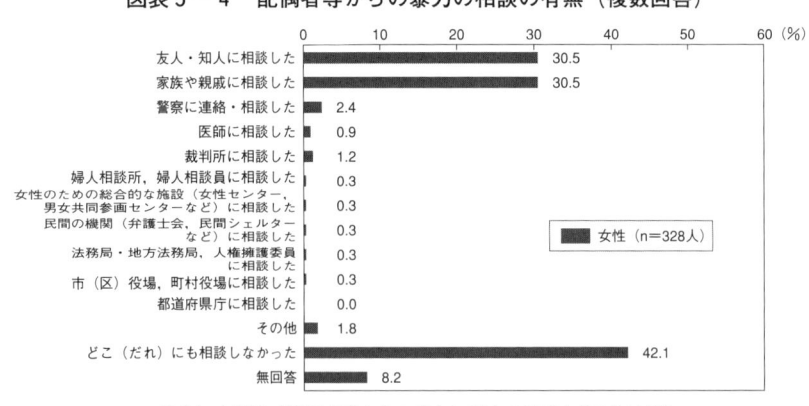

図表5－4　配偶者等からの暴力の相談の有無（複数回答）

相談先	割合(%)
友人・知人に相談した	30.5
家族や親戚に相談した	30.5
警察に連絡・相談した	2.4
医師に相談した	0.9
裁判所に相談した	1.2
婦人相談所，婦人相談員に相談した	0.3
女性のための総合的な施設（女性センター，男女共同参画センターなど）に相談した	0.3
民間の機関（弁護士会，民間シェルターなど）に相談した	0.3
法務局・地方法務局，人権擁護委員に相談した	0.3
市（区）役場，町村役場に相談した	0.3
都道府県庁に相談した	0.0
その他	1.8
どこ（だれ）にも相談しなかった	42.1
無回答	8.2

女性（n＝328人）

出典）内閣府「配属者等からの暴力に関する調査」（平成14年）

った人の援助事例の紹介です。
　2）事例紹介
事例1「夫の暴力が子どもまで及ぶようになり，離婚を考えはじめた女性」
　① 事例の概要
　対象者：A・Kさん
　年　齢：26歳
　性　別：女性
　家族構成：相談者，夫26歳，長男3歳，次男1歳
　生活歴：S県S市生まれ。母親がA子さんの中学生の時に病死し，その後父親，妹，祖母の4人暮らしで，祖母が母親代わりとなり面倒をみていた。高等学校卒業後に就職した先で同年齢の夫と知り合い22歳の時に結婚する。結婚前に夫の実家に訪問した時，夫の両親には会話がなく，不仲であるのがわかった。結婚前に夫が説明するには，父親の家庭内暴力がひどく，両親は昔から仲が悪く，自分も子どもの頃父親に相当殴られ，自分は結婚したら絶対に父親のようにはなりたくないと思っていたということであった。結婚前の夫は非常に優しく，A子さんは夫の両親について，気にならなかったといいます。
　相談経過：行政で行う「女性なんでも相談」に2回来所
　関係協力機関：婦人相談センター・DVほっとライン
　② 援助経過
　市で週に1回実施している「女性なんでも相談」に夫のDVの相談にA子さんが訪れました。夫からの最初の暴力は，結婚してすぐのことでした。A子さんは長男を妊娠中でしたが，些細な口げんかに感情的になった夫がA子さんを殴りました。夫は妊娠を知っていましたが，殴り方は酷く，歯が折れ，多量の口内出血がありました。行きつけの歯医者で治療してもらいましたが，恥ずかしくて夫の暴力が原因だとはいえず，物にぶつかったと話しましたが，医師は多分わかっただろうといいます。喧嘩の後，夫が二度と暴力は振るわないと泣いて謝り，A子さんは自分にも反省すべき点があったと考え，誰にも相談しま

せんでした。しかし，それ以後も何か気に入らないことがある度に暴力をふるうようになり，暴力→謝る→優しくなる，の繰り返しが始まりました。A子さんは，何度も殴られているうちに感覚がマヒし，殴られることが当たり前になってきたといいます。しかし，最近，長男が言葉を話せるようになり，口答えが出来るようになると，夫が子どもの口答えに感情的になり，子どもにまで暴力をふるうようになりました。夫が長男に足蹴りし，足が頭に当たり，気を失ったことがありました。A子さんは，最初は自分だけが我慢すればよいと考えていましたが，暴力が子どもにまでいくようになったことにショックを受け，子どもが死んでしまったら取り返しが付かなくなると気づき，誰かに相談しなければならないと考えました。しかし，実家に帰ってもいる場所がないとか，離婚は子どもから父親を奪うことになるなどと悩み，家を出ることを躊躇しています。

相談員は，A子さんの安全な生活を支援する関係各機関の情報を提供し，「A子さんの本当の気持ちは，どうしたいと思っているか」と確認しました。A子さん自身，自分の気持ちがまだはっきりとしていないことに気づき，もう一度よく考えたいと話しました。

2週間後に2度目の相談に訪れたA子さんから，夫が最近落ち着いていると報告がありました。A子さんはこのまま落ち着いた状態が続くことを望んでいますが，それが続かないことを今までのことから知っています。自分が夫の満足のいくように振舞っても，夫の不機嫌の原因は会社でのこともあり，その感情の捌け口が自分に向けられることも自覚しています。最近は，帰宅時の不機嫌な夫の顔を見ると子どもまでおびえた表情をするようになりました。しかし，A子さんはまだ家を出る決心がついていません。相談者がまだ家にとどまるといった場合，親子の安全な生活の継続的監視が必要です。相談員は，次のようなことを約束し，次回の相談日を約束しました。

（1）定期的に家族や友人，相談員と連絡をとること。
（2）いつでも逃げられるように，行き先と手順を考えておくこと。

（3）話し合いをする時は，第三者を交えること。
（4）もう大丈夫と安易に判断しないこと。刃物などは目にふれない所に保管する。将来，離婚裁判になった時を想定し，暴力をふるわれた時は，医療機関に受診しておくこと。
（5）DV防止法により，警察官は必要な措置を講ずることになっています。いざとなった時には警察へ協力要請すること。

事例2　「夫の暴力からの逃れ，さまざまな援助を受けて娘と自立した生活を送るようになった」女性

① 事例概要

対象者：K・Mさん

年　齢：48歳

家族構成：夫63歳，娘8歳。他に夫と前妻の間に成人し独立した長男と長女がいる

生活歴・相談までの経過：

　K子さんは，旅館の仲居をして母親と田舎で暮らしていましたが，母親が亡くなった後に，姉を頼り上京しました。40歳になったK子さんに，現在の夫を紹介する人がいて，お見合いをしました。先妻は死別という説明であり，夫の2人の子ども達は独立して暮らしており，独身でいることに不安を感じていたK子さんは姉の薦めもあり良縁と考え結婚しました。すぐ妊娠し，1年後には長女（夫にとっては次女）が誕生しました。夫は結婚後すぐから，妻が外出することを好まず，K子さんの行動を細かく気にし，外出すると外出先での出来事を詳しく報告させました。K子さんは少しおかしいと感じましたが，夫婦とはそういうものかと思っていました。しかし，2～3年前から，夫がK子さんの外出の報告に少しでも納得できないと，暴力をふるうようになりました。K子さんは，夫にわかるように説明できない自分が悪いと考え，また，夫と別れても娘と2人で暮らしていく自信がないので，夫の顔色をみての生活を続けて

いました。
　ある朝，夫は同じ部屋に寝ていたのにかかわらず，夜中に男が忍び込み，K子さんが侵入した男と浮気をしたと妄想し，K子さんにいつも以上の暴力をふるいました。体中青あざだらけになったK子さんは恐ろしくなり，逃げ出す決心をし，夫が外出したすきに姉の所に娘と逃げ込みました。K子さんの傷を見た姉夫婦は恐怖感を覚え，夫が追いかけて来ることを想定し，K子さん親子をホテルに移しました。夫は2度ほど姉の家を訪ねてきましたが，家にいないことを確認し帰りました。少し落ち着いてから，K子さん姉妹は銀行に預金を下ろしに行ったところ，預金はすべて下ろされ，その他いくつかの保険も解約されていました。しかし，夫に居場所を知られたくないので諦めることにしました。しばらくは姉の援助で生活していましたが，子どもの学校のこともあり福祉事務所に相談に行くことにしました。
関係協力機関（者）：福祉事務所，警察署，家庭裁判所，弁護士，病院，医師，
　　　　　　　　　保健所，学校，母子寮
利用サービス：児童扶養手当，児童手当，母子寮（現在の母子生活支援施設），
　　　　　　　公営住宅抽選時優遇措置，公共職業訓練
　②　援助過程
　福祉事務所の窓口は，K子さんの話と逃げ出した時に受診した病院の診断書をみて，事情を理解し，母子寮に空きがあったことから，すぐ入居の手続きをとりました。K子さんは，相談員のアドバイスを受け，住民票は安全確保のために元の住所地に残しておきました。子どもの転校は，教育委員会に相談し，「地域外通学」の手続きをとりました。転校手続き時には，これまで通学していた学校，転校先の双方に事情を話し，夫（父親）の問い合わせがあった場合に住所，転校先等伝えないように依頼しました。また，夫が捜索願を出す場合を考えて，最寄りの交番と，警察署生活安全課にDVの事情を説明，相談しておきました。健康保険については，DV被害の証明を持って，配偶者と別の世帯として加入手続きをしました。

図表5－5　母子家庭の自立のために利用可能な制度（S県の例を参考）

	事業名	窓口	内容
くらし	生活保護制度	市福祉事務所、町村福祉担当課又は県福祉保健総合センター	保有する資産、能力、その他の福祉施設等を活用しても、なお最低限の生活を維持することができない者に対して、最低生活に不足する分の保護費を支給し、その自立を助長する。
	ひとり親家庭等介護人派遣制度	市町村福祉担当課又は県福祉保健総合センター	ひとり親家庭の親が就労訓練のため通学したり、疾病や冠婚葬祭などで、一時的に介護や保育などのサービスが必要となった場合に介護人が派遣される。
	母子家庭等自立支援給付金制度	県福祉保健総合センター又は母子福祉センター	配偶者のない女子で現に児童を扶養している者の雇用の安定及び就職の促進を図るための給付金
手当て	児童扶養手当	市町村福祉担当課	18歳到達後最初の3月31日まで（一定の障害がある場合は20歳未満）の子どもを育てている母子家庭の母親等に支給される。
	児童手当	市町村福祉担当課	児童の健全育成のため、小学校第三学年終了前の児童を育成している保護者に対して支給される。
	ひとり親家庭医療費助成	市町村福祉担当課	18歳未満の子どものいるひとり親家庭等で、医療保険制度で医者にかかった場合、支払った医療費の一部が助成される。
こども	保育所	市町村福祉担当課	保護者が働いていたり、病気などで家庭で子どもの世話ができない場合に、小学校入学前の子どもを預けることができる。
	放課後児童クラブ	市町村福祉担当課または教育委員会	保護者が就労等により昼間いないおおむね10歳未満の子どもに対し、授業終了後、遊び及び生活の場を与えてその健全な育成を図ることを目的として運営されている。
	義務教育就学援助	市町村教育委員会通学している学校	経済的な理由により、小学校、中学校でのお金の負担が困難な場合、学校で使用するものや、給食費、修学旅行費などの一部または全額が支給される。
	ひとり親家庭児童就学支援金	市町村福祉担当課	ひとり親家庭で、中学校に入学する子どもがいる場合、就学支度金が支給される。
貸付金・奨学金	母子・寡婦福祉資金	市町村福祉担当課または県福祉保健総合センター	母子家庭の母や寡婦で経済的な自立や児童の就学などで資金が必要なとき、無利子または低利子で貸し付ける。
	生活福祉資金	民生委員・児童委員又は市町村福祉担当課	所得の少ない世帯や障害のある方がいる世帯、介護が必要な高齢者のいる世帯などに、資金を貸し付ける。
	日本育英会奨学金	在校する学校	高等学校、高等専門学校、専修学校、大学、大学院に在学している生徒・学生で、経済的理由で学費などを払うことが難しい者に貸し付ける。
すまい	母子生活支援施設	市町村福祉担当課または県福祉保健総合センター	母子家庭又はこれに準じる事情にある母子を入所させ、生活、養育等母子が抱える様々な問題について相談に応じ、指導を行い、自立を援助する児童福祉施設。
	県営住宅抽選時の優遇措置	住宅供給公社	県営住宅の募集の際、母子世帯などの特例世帯については一般世帯よりも当選の確率を優遇している。
	県営住宅の一時使用	住宅供給公社	DV被害者が決められた条件を満たす場合に期間を定めて県営住宅の使用を許可する。
就労	職場適応訓練	ハローワーク	公共職業安定所長の指示により、就職に先立って、仕事や職場環境に慣れるため事業所内で訓練を受けることが出来る。
	公共職業訓練	ハローワーク	高等技術専門校（職業能力開発センターを含む）では、仕事に就くために職業能力開発が必要な人に対し職業訓練を行っている。

安全が確保されたことで生活が大分落ち着いてきた時，相談員のすすめでK子さんは職業訓練所に通い，ホームヘルパー2級の資格を取得しました。そして，介護の仕事先を紹介され，数ヵ月後には安定的な収入を確保できる見通しがたち，公営住宅に移ることができました。

　K子さんは，母子家庭に用意されたさまざまな制度（図表5-5）を活用し，姉から精神的にも経済的にも支援され，仕事にも恵まれたことで自信を持って娘と2人の生活をはじめることができました。3年後には介護福祉士の国家試験に挑み，合格。娘と生き生きと生活しています。

　夫とは，協議離婚に向けて家庭裁判所で何度か話し合いが計画されましたが，夫は出席せず婚姻関係はそのままになっています。夫に新たなパートナーができたことでK子さんに対しての執着はなくなり，姉宅への訪問もなくなりました。夫は精神的な病気をもっていたことと，前妻は夫の暴力による自殺であったことが後でわかりました。

3）事例分析

　事例1も事例2も夫によるDVです。事例1では，妻はまだ家を出る決心がつきかねています。これには，相談者がひとり親で育った経緯もあり，子どもにも同じ思いをさせたくないという強い思いがあります。夫は結婚してすぐから何か気に入らないことがあると暴力をふるい，＜改悛・信頼・希望・従順・暴力＞と繰り返す「DVのサイクル」そのままのケースです。A子さんは，毎回今度こそという思いで夫の言葉を信じてきました。A子さんは，まだ相談途中の方ですが，相談員は継続しA子さんの意向を確認しながら支援に当たります。被害者が家庭にとどまるといった場合，援助者はいつでも相談にのる体制でいることと，緊急時の対応の方法を教えます。そして，関係各部署へはプライバシーを考慮したうえで連絡し，何かあった時には援助のタイミングを逃さないようにするように体制を整えておく必要があります。

　事例2でも，結婚当初から夫から暴力をふるわれていたのですが，自分が悪いのかもしれないと思い込み，誰にも相談せずにひとりで耐えていました。し

かし，大きなけがをしたことをきっかけに，子どもを連れて家を出ました。身内にかくまってくれる姉が近距離に住んでいたこともあり，決心するとすぐに行動に移せました。そして，DV問題が社会で取りざたされ，法整備されていた時期でもあり，関係各所はすばやく対応し，さまざまなサービスを活用し，自立した生活を送れるようになりました。自立するまでの経過は短くありませんでしたが，身近に相談できる身内がいたことが一番の支えでした。身内の支援と法の整備により，安全な生活が取り戻せた事例です。

4）まとめ

女性に対する暴力については，昭和60年の「国連婦人の十年」ナイロビ世界会議や，平成5年の世界人権会議，平成7年に北京で開催された第4回世界女性会議で取り上げられました。

わが国においても国際的動向を受け，1997年に男女共同参画審議会に「女性に対する暴力部会」が設置され，1999年のセクシュアル・ハラスメントに関する法律規定，2000年のストーカー規制法ができ，2001（平成13）年4月に「配偶者からの暴力の防止及び被害者の保護に関する法律」が成立しました。この法律ができるまでは，「夫婦げんかは犬も食わない」とか「民事不介入の原則」で家庭内や夫婦間で起こったことに対して，外部の人は介入しないという風潮がありましたが，中には大変な人権侵害となるケースや殺人にまでなったケースもありました。しかし，法が整備され，個人尊重，男女平等の考えが浸透し，見過ごされてきたDVが社会の問題として一般に認識されるようになりました。新たに設けられた配偶者暴力相談支援センターや女性問題相談所，警察に寄せられる相談も増加し解決されるケースも出ています。

DV被害者への援助の目標は，シェルターに一時避難させることでも，別居や離婚を勧めることではなく，その人が暴力によって生命や生活の安全を脅かされる状況を解消し，社会の中で安全に人権が尊重された自立した生活が出来るようになることです。援助を求めている被害者に対して，体制整備と各機関の連携を強化し支援に取り組まなければなりません。

考えてみましょう

① DVの相談を受けた時, 相談・援助者の基本姿勢はどうあるべきか考えてみましょう。
② 被害者の「逃げない」「逃げられない」の背景についてどのようなものがあるか考えてみましょう。

注)
1) 下薗精三『子どもの家庭福祉』晃洋書房, 1999年, p.8
2) 内閣府男女共同参画局『配偶者からの暴力相談の手引き』2005年, pp.2 - 5
ドメスティック・バイオレンス（Domestic Violence）を直訳すると,「家庭内の暴力」となります。家庭内の女児に対する性的虐待や親などが子どもに振るう暴力を含めて使用する場合もありますが,「配偶者や恋人等の親密な関係にある, 又はあった者からの振るわれる暴力」という意味で使われることが多いです。
　暴力については, 殴る, 蹴るといった「身体的暴力」, 人格を否定するような暴言を吐く, 何をいっても無視する, 生命や身体に対して危害を加えるといって脅かすといった「精神的暴力」, 嫌がっているのに性行為を強要する, 避妊に協力しないといった「性的暴力」に分類されます。暴力は繰り返され, エスカレートし, 殺人に至るケースもあります。この他, 生活費を渡さない, 親・兄弟姉妹や友人と付き合うことを制限したり禁止する, 外出することを許さない, 常に行動を監視する, 子どもに危害を加えるといって脅すなどがあります。

参考文献
・黒川昭登『家族福祉の理論と方法』誠信書房, 1994年
・戒能民江『ドメスティック・バイオレンス』不磨書房, 2002年
・孝橋正一ほか編『現代の家庭福祉』ミネルヴァ書房, 1993年
・橋本宏子『女性福祉を学ぶ』ミネルヴァ書房, 1996年
・内閣府男女共同参画局『配偶者からの暴力相談の手引き』2005年
・東京都「社会福祉の手引き」東京都生活文化局, 2003年

❹ 高齢者と家庭福祉

1）はじめに

　第1章でも述べたように，家族のあり方や考え方が変化し，介護保険が導入された今，高齢者の介護にもさまざまな形があります。ここに取り上げたのは，単身高齢者が病気をきっかけに住み慣れた土地を離れて，子との同居に踏み切った事例です。友人もいない土地で入退院を繰り返し，日常生活で接触する人といえば，家族と病院関係者，そして福祉サービス関係者でした。住まい方も，最初は同じマンションに隣居，のちに一戸建て同居と変化します。生活の変化や心の葛藤について，主たる介護者であった息子の妻から語ってもらったものです。

　ここでは，在宅福祉サービスを利用しながらどのように介護や子育てが行われ，本人や家族の生活が営まれていったか，また家族の心の動きを紹介します。

2）車いすが必要な生活になったことをきっかけに子との同居を始めた女性の事例

① 事例概要

対象者：Aさん

性　別：女性

生　年：1934（昭和9）年

要介護区分：要介護2（2001年5月）→　要介護3（2002年8月）

家族構成：息子Bさん　息子の妻Cさん　孫・男児2人の5人家族

病歴及び入院歴：2001年9月までは都内の同一病院

1992年8月　都内に居住。胃ガンにて手術（ステージⅢ，その後の再発なし）

1994年3月　左乳ガンにて手術（ステージⅠ）

2000年9月　右乳ガンにて手術（ステージⅠ）

2000年12月　左大腿骨骨折にて人工骨頭手術。この時，乳ガンが骨に転移

していることが判明し，ちょっとした刺激でも骨折の可能性ありと医師から説明を受ける。

2001年3月～5月　化学療法を行う。退院してすぐ動けなくなり再入院。退院後，息子家族のいるD市に転居。ガン治療は隣市のE病院外科・乳腺科に通院。

2002年2月～4月　左大腿骨再骨折にてF病院・整形外科で手術・入院。入院中のガン治療は同病院で実施。退院後はE病院に通院を再開。9月にG市に転居。

2003年9月～12月　右肘上骨折にてE病院で手術・入院。入院中（11月）に右大腿骨骨折にて手術。その後，自宅近くのH病院・外科に転院。

2004年2月　69歳で死亡

経済面：国民年金　身体障害者3級のため医療費は1割負担

生活歴：東京生まれ東京育ち。長兄，次兄，Aさん，弟，妹の5人兄弟。父親を小さい頃に亡くし，9歳で製糸工場に働きに出され生計を支えた。その後も，体の弱かった兄たちに代わって18歳でバスの車掌，26歳でキャバレーのホステス等をしながら，妹と弟を高校まで出す。36歳の時に土建業をしていた30歳の男性と結婚し，息子Bさんが生まれる。保険外交員をしていた時もあり，物怖じをしない明るい性格で計算も強かったことから優秀な外交員として活躍。Aさんが50歳のときに離婚。その後，知人に勧められてスナック経営を始めた。明るく威勢のいい接客は天職と思えるほどで，経営も順調に行った。近くには，保険外交員時代の友人など，行ったり来たりする友達も沢山いた。

家族関係：長兄は放蕩三昧でAさんが死亡するまで絶縁状態。次兄は，喘息で働けず生活保護（妻と娘2人）を受給。関係は良好で次兄夫婦が相談相手となり，Aさんが体調を崩した時などは次兄の妻が面

倒をみてきた。妹とも仲は良かったが，1997年に死亡。相談相手だった次兄も2002年に死亡。Bさんは，高校・大学と奨学金をもらうなど，優秀で優しい自慢の息子であった。口ではいい合うものの，母子の仲はとても良かった。胃ガンの手術の時，大学生だったBさんが父親に連絡をしたが，親らしい心配や優しさを感じられず，それきり連絡をとるのをやめた。結婚の時も，Aさんが亡くなった時も，一切連絡しなかった。

② 日常生活

＜D市での生活：隣居＞

胃がん・乳がんの手術をした後も，元気になったAさんは東京でお店をしながらひとりで生活をしていました。お客さんも多く，友達もたくさんいて，それなりに楽しく充実した生活でした。Bさんは，大学を卒業すると就職のため北関東にあるD市に移り，1998年4月にCさんと結婚をして職場の借り上げマンションに住んでいました。

2000年12月の左大腿骨骨折をしてから，Aさんは日常生活に車いすが必要になりました。しばらくは自力で生活していましたが，アパートは2階にありだんだんと困難になったので，お店を閉めてBさん家族のいるD市に転居することにしました。2001年5月，Bさん宅と同じマンションの1階が空き，一室おいた部屋に住み始めました。賃貸マンションでしたから思うように改修はできませんでした。敷居など低い段差は車いすで越えられるようにシルバー人材センターに頼んで解消用のスロープを作ってもらいました。トイレや浴室の大きな段差の改修は無理で，手すりなどもつけられませんでした。それからCさんが，Aさんの部屋に介護に通う生活が約1年続きました。

D市にはCさんの母の実家があり，親戚も数軒ありました。中でも子どもの頃からかわいがってくれた伯母夫婦は頼れる存在でした。実母はAさんへの気兼ねから，たまにCさん宅に訪れても長居することはありませんでした。どうにもならないときだけ子どもをみてもらいました。

ガン治療は車で40分かかる隣市のE病院に通院することになりました。治療内容によって月1回の時もあれば週1回のときもあり，毎回Cさんが車を運転し，1歳過ぎの長男を連れて通いました。通院は1日がかりで，小さな子どもを連れてずっと病院で待っているわけにも行かず，近くの公園やデパートで時間を潰していました。Cさんの大変さを察したAさんは，時にはCさんを先に帰し，自分はD市から支給されたタクシー券を使って帰ってくることもありました。病状や治療に関する説明があるときには必ずBさんが付き添いました。

　Cさんは小さな子どもを抱えながら頑張りました。ある日，友達との電話中に動悸やめまいがしてきて起きていられなくなりました。横になりながら実母に助けを求める電話をしました。「部屋がぐるぐる回っている」と訴え，状態を伝えたり，心配する言葉をかけてもらったりしながら2時間くらい電話で話し，ようやく立てるようになりました。ものをはっきりいい，仕事柄人を使うことに慣れているAさんとの接触や，毎日，朝昼晩と食事を用意することが，自分でも気づかないうちにストレスになっていたのでしょう。

　そんなときに，市内に住む従姉妹から「子育てと介護の両立はとても大変だろうから介護保険のサービスを利用してみたら？」とパンフレットを渡されました。Bさんは，Cさんと相談して，2人から訪問介護の利用をAさんに話しました。Cさん自身が「楽になりたくて積極的に勧めていると思われたくない……という気持ちもあったから」といいます。Aさんも「気兼ねなく頼めることもある」と了解し，市役所に相談に行きました。そして，審査の結果，要介護2と認定されました。

　特別養護老人ホームI園に併設された居宅介護支援事業所の介護支援専門員（ケアマネジャー。以下ケアマネとする）によってケアプランが立てられサービスの利用が始まりました。最初は，通所介護（デイサービス）と訪問介護（ホームヘルプサービス）を利用することにしました。さらに，歩行器，四点杖，特殊寝台等の福祉用具レンタルサービスの利用も開始しました。歩行器はトイレに置いて手すり代わりに利用しました。

第 5 章 事例研究 173

　自宅の浴室では段差が多く入浴が困難だったＡさんは，Ｉ園のデイサービスに週２回通うことにし，入浴サービスも受けることにしました。しかし，１ヵ月も経つと「ばかばかしい」といって行かなくなりました。Ａさんは，認知症の人たちと一緒にボールを投げたりするレクリエーションを「あほくさくて行ってられないよ」「なんで私が相手をしてやらなきゃいけないんだ」といって嫌がりました。そこで，今度はリハビリ中心の老人保健施設のデイケアを進めてみましたが，「もう結構」と行きませんでした。

　ヘルパーには掃除と食事作りなどをしてもらいました。また，デイサービスに行かなくなってからは，訪問入浴介護とヘルパーによる清拭で対応していました。プライドもあってか「Ｃさんには，排泄や入浴の世話はして欲しくない」とはっきりとしたＡさんの意志表示がありました。ヘルパーの利用はＧ市転居まで続きました。

　ヘルパーの利用を始めた頃から居間とトイレ前で２回の転倒がありました。トイレに行こうとしたＡさんは，段差のある入り口でバランスを崩して転倒し，動けなくなっているところを訪れたヘルパーが発見しました。ヘルパーがすぐＣさんを呼びに行き，救急車で近くのＦ病院に運びました。左大腿骨骨折で手術，整形外科に入院となりました。入院中のガン治療はＦ病院でできるように手配しました。

　病棟での患者さん達との関係はおおむね良好でした。スナックを経営していたときから包容力があり，聞き上手なＡさんは，入院中も同室者の相談を受けるようなことがありました。Ａさんのいる病室は明るかったといいます。

　この頃を振り返って，Ｃさんは「三食の面倒をみるのが精神的に一番きつかった。」といいます。Ａさんにあわせて今までは作らなかったものを作るようになりました。若い自分たちとは同じ素材を使ってもメニューや調理法が異なり，味付けの好みも違うＡさんの食事には相当気を遣いました。しかし，それ以上にきつかったのは，食事を運んだときのやりとりでした。食事を作って部屋に持っていくと，「今日は○○かな？」などと，自分の食べたいものをいい

ながら布巾をとるのだそうです。当然,いったものが作られているわけもなく,「ああ,これか～」とがっかりした反応をします。更に意にそぐわないものだと「これはいらない。持って帰って」と手をつけません。食事を作ること自体は嫌ではないのですが,毎回のそのやりとりがとてもストレスになりました。しかし,完全な同居ではなく,ドアを出れば住む空間が違う,ということが少しは気持ちに余裕をもたせていたといいます。

　ＣさんがＢさんにこのようなやりとりを話そうとすると,Ｂさんには「文句をいっている」としか思ってもらえませんでした。たまに聞いてくれたときには,「どうして欲しいの?じゃあ次からこうすればいい」と解決策を考えてくれることも何となく嫌だったといいます。Ｃさんは,介護や食事を作るのが嫌なのではなく,ただそのことを聴いて欲しいだけだったといいます。

　このような介護と子育てというストレスフルな毎日を乗り切れたのは,いつも話を聞いてくれる近所のママ友達がいたからでした。子育てだけでも大変ですが,マンションには同じくらいの子どもをもつお母さん達が数人いて,外で一緒に遊ばせながらのコミュニケーションが気を紛らわせるひとときにもなりました。また,たまには伯母の所に遊びに行き,子どもを遊ばせながらお茶を飲んだり,話をするだけで気持ちが落ち着いたそうです。Ａさんの些細な一言がＣさんにとっては「デリカシーがない」と感じられて我慢できず,いたたまれなくなって家を出たことがありました。そのときも伯母のところで気持ちを立て直したといいます。

　Ｃさんは,Ｂさんがひとりっ子でＡさんのことを相談する兄弟もなく,全てを一人で判断・決定しなければならない状況に,「兄弟姉妹がいてくれたらどんなに心強いだろう……」とかわいそうに思ったことが何度もあったそうです。実際,Ｂさんもそういう点では辛かったようです。

　Ｂさんは,極力時間を作ってはＡさんの部屋に行き,話し相手になりました。毎日お昼休みになると近所の会社から帰ってきて,Ａさんの部屋で昼食を一緒にとるようにしました。母一人子一人で生活してきたＢさんは,少しでもＡさ

んと一緒にいたかったし，そのためにＤ市に呼んだのだから……と，病気も心からよくなって欲しいと思っていました。ガンに効く漢方薬があるときけば多少は高価でも購入してＡさんに勧めていたといいます。Ｄ市に移ってきたＡさんは友達もいず，Ｂさんを心のよりどころにしていました。

　Ｃさんは，そんなＢさんを心底優しい人だと思いましたが，Ａさんとのことを話すときは心のすれ違いを感じたといいます。Ｂさんにとっては，常にＡさんの病気を治すこと・良くなることが第一で，Ｃさんにとっては子どもを抱えた日々の自分たちの生活を第一にと，考えることが違っていたからでした。

　その後，ADLの制限も多くなり，段差の多いマンションでの生活は厳しくなってきました。また，Ｂさんはずっと借家暮らしをしてきたＡさんの「いつか庭のある家に住みたい」という夢を実現させてあげたいと思うようになりました。

＜Ｇ市での生活：完全同居＞

　2002年9月，Ｃさんの実家があるＧ市に車椅子での生活が可能なバリアフリー住宅を建て，本格的な同居生活が始まりました。遠くなったＥ病院への通院は月1回の検診のみにし，普段の治療は自宅近くのＨ病院で行うことにしました。Ｂさんは，家から車で10分の会社に勤めることになりました。

　転居とほぼ同時に，Ｊ荘のホームヘルプサービスの利用を始めました。この時には介護度は3に上がっていました。最初は月水金の午前中1時間の援助で利用を開始しました。身体介助と家事援助の複合型です。外出時や日中は安心のために紙おむつを使用しながら，自力でポータブルトイレで行っていました。夜間の排泄は危険なので紙おむつを使用するようにし，水曜は入浴の日とし，その間に部屋の掃除などをしてもらいましたが，Ａさんの希望で1.5時間に延ばしました。

　Ａさんは自分の使う部屋の掃除や食事作り以外に，気になる庭の草取りや鉢植えの移動などをヘルパーに依頼しました。また，棚の中のものをすべて出して拭き掃除をする，部屋の模様替えが好きで家具の移動などを頼むこともあり

ました。介護保険でのサービス内容は決められており，ケアマネから何度か注意や説明をうけました。しかし，断るヘルパーもいればやってくれる人もいて，何をどこまで依頼していいのかAさんも混乱していました。Cさんが気づいたときには，「それは頼んではいけないことだから……。あとで私がやります」といったことも度々ありました。

　ヘルパーにもはっきりとものをいうAさんは，援助に納得がいかないと「どういう育てられ方をしてきたのよ！」と言い放ち，相当堪えたヘルパーもいたようです。Aさんは，気に入ったにヘルパーに毎回来て欲しいと指名しましたが，事業所の規則で断られました。毎回違うヘルパーが来るので，同じことを何度も説明しなければならず，そのことへの不満は多かったそうです。

　J荘のケアマネは，Aさんにも，Cさんにも親身になって話を聴いてくれました。ケアマネは2週間に一度くらいの頻度で様子を聞く電話を入れてきました。いつもCさんの話を聴き，言葉を選んで優しく話してくれました。Aさんを悪くいうのでもなく，Cさんの気持ちも理解し，一緒に泣いてくれたこともあったといいます。Cさんは共感してもらえたことで，救われたと思ったそうです。何度か家庭訪問もあり，Aさんの話し相手をした後にCさんにも相談の時間を十分にとり，「病気のこと，薬のこと等をよく知りたい」とBさんとも話をしました。

　Cさんは2003年8月に次男を出産しました。妊娠中には状態の良くない時もあり，2回入院しました。そのようなときは，長男はCさんの実家に預かってもらい，BさんがAさんの面倒をみました。ケアマネに配食サービスの資料をもらい，お昼だけはお弁当を頼むことにしましたが，ホルモン治療をしていたAさんは，副作用で食欲にも波があり，お弁当では対応できないことがわかってきました。そこで，ケアマネと相談し，それまでの月水金の午前1回から，毎日・朝晩の2回ヘルパーの利用内容を変更しました。

　2003年9月，定期検診にE病院へ行ったところ，右肘上の骨が折れていることがわかり，すぐに入院・手術となりました。腕は順調に回復していったので

すが，入院中に右大腿骨骨折をしました。車で1時間以上もかかる距離でしたが2～3日に1回はCさんが面会に行き，仕事で遅いBさんも面会時間が終了したあとにこっそりと会いに行くなどしましたが，Aさんは長びく入院でとても寂しかったようです。いろいろと訴えの多いAさんは，看護師を何度も呼ぶために，面会に行くと注意を受けることもありました。そのような中で救いだったのは，医者も不思議がるほど病気特有の痛みを感じず，また，病状についてあれこれと詮索をしなかったことでした。

　そこで，Aさんの寂しさを紛らわすための話し相手や洗濯等をする付き添いをつけることにして2～3人をお願いしましたが，Aさんと合わず1週間と続きませんでした。Cさんはかわいそうになり「付き添いもダメ。もう家族しかないよ。近くの病院に移して頻繁にみてあげる方がいいのでは」とBさんに話しました。Bさんにとって病院を移るということは「ガン治療をあきらめる」ことにつながり，強い葛藤がありました。しかし，地元のH病院なら毎日，何回でも行くことが可能で，Aさんにとってもその方がいいのではないかと覚悟を決めました。

　2003年12月，H病院に転院しました。退院後，Bさんと通院するときは買い物を沢山したり，通信販売も購入していろいろなストレスを解消していたようです。1日3回も宅配便が届く日があり，Bさんも頭を抱えるほどの量になりました。しばらくすると，長時間車いすに座っていることがきつくなり，ほとんど横になってすごす状態になりました。外に出ることも少なくなり，通院の翌日には疲れて調子が悪くなることもたびたびでした。

　最後の入院では個室に入りました。長男が幼稚園に行き始め，次男は生後6ヵ月でぜんそくをもっていましたので，毎日通うのはとても大変でした。BさんはAさんの病室，Cさんは発作を起こして入院した次男の病室に泊まることもありました。それらの影響もあってか長男は赤ちゃん帰りをして，Cさんには身も心も全く余裕が無かったといいます。Bさんは，毎日お昼休みに面会に行き病室で一緒に昼食をとり，時にはCさんと孫が加わってにぎやかなときも

ありました。Aさんは本当にうれしそうだったといいます。最後は，Bさん夫婦，兄嫁，弟夫婦が見守る中，息を引き取りました。

　＜Cさんの葛藤＞

　AさんとCさんの関係があまり良くなくなったのは，G市で完全な同居を始めてからです。Bさんは転職したばかりで大変でしたので，一緒に住んでからは2人の問題にノータッチでいたがりました。

　Cさんは，東京で保育士をしていましたが，祖父の介護を手伝うために実家に戻りました。その後，重症心身障害児施設や高齢者デイサービスセンターの臨時職員，結婚前から長男出産までは知的障害児者施設の正職員をしていました。これらの福祉職の経験から，生じる葛藤もあったようです。

　福祉サービスについては，利用することに抵抗はなく，制度があるなら使った方がいいと考えていました。しかし，他人が家に入ることには多少なりとも抵抗がありました。自分のいないところで何かをされている不快感，建てたばかりの家に人が入って欲しくないという感情が正直あったといいます。

　だらしがない嫁と思われたくなかったから，家事はすべて終わしてヘルパーを迎えるようにしました。介護保険だから使って当然だが，それでも，やってもらって悪いとも思いました。自分ができない嫁と思われるのも悔しく「食べたいものを作ってくれない・やってくれない嫁」と思われるのも気になりました。実際にヘルパーからは，そういう気配を感じたり，嫌な思いをしたことはなかったそうです。それまでは，食事作りからポータブルトイレの掃除など全てをCさんがやっていましたので，肉体的には大変助かり，ヘルパーにはそういう物理的な援助だけを期待していたといいます。

　Cさんは，デイサービス職員をしていたときにいろいろな利用者や家族の話を聴いていたので，「うちだけが大変ではない」とある程度の状況は理解できていたといいます。しかし，その経験から「そこまで頼んだら悪い」とか，「仕事外でやってくれているのだから」とヘルパーの気持ちになってしまう自分がすごく嫌だったそうです。また，仕事としてはできていたことが，今は私

的な感情が入り交じって冷静に対処できない自分への葛藤がたびたびありました。時には2階の部屋に長時間こもり，自己嫌悪に陥っていたといいます。落ち着いて考えると「病気だから辛くて，ものすごく苛立っていた。そのせいでいろいろなことを言ったりしたのだ」と思え，「自分ももっと大人になればよかった。Aさんの一言ひとことに腹を立てず，もっとやってあげていれば……」ととても後悔が残っているそうです。

3）事例分析

　本事例は，病気の進行により日常生活に支障があるAさんの自宅での生活の継続と，Aさんの介護と子育てをするCさんの負担を軽減することを目的に在宅福祉サービスの利用を考えるところから始まります。高齢者の介護は先の見えない不安から，また認知症など専門的な介護の知識や技術が必要とされるものもあり，家族にとっては精神的・肉体的に大きな負担となります。できる限り本人や家族の意思を尊重しながら援助を行っていきます。

　Aさんは終始意思表示がはっきりしていましたので，訴えや嗜好の理解にあまり困難はなかったといえます。しかし，その訴えに対する援助だけでAさんの生活の質（QOL）は向上するでしょうか。本人が問題だと考えていること＝主訴と，専門職からみて問題と思われることが一致しないこともあります。また，本人は意識していないがこのまま放置すると今後の生活に支障をきたすことが予測できる場合があります。主訴のみにとらわれず，呼び寄せ老人だったAさんの環境面，性格や病気を含めた生活歴など社会心理面も併せて総合的に判断した援助が大切です。また，その場合には家族の意向も確認することが必要です。

　Cさんは，同居を契機にだんだん精神的に追いつめられていきました。子育てや家事で精いっぱいなCさんは，Aさんの苛立ちや焦りを理解しながらも，冷静に対処できない自分へ嫌悪感がつのっていきます。このようなCさんの気持ちをケアマネは丁寧に聴いています。そして，どちらの肩をもつでもなく，言葉を選びながら共感を表していきます。AさんもCさんもかけがえのないひ

とりの人間として認め，大切に関わっていこうとする姿勢が伝わってきます。こうしたやりとりの積み重ねが信頼関係の構築に大きく寄与し，今後の援助関係にも良い影響を与えるのです。

　また，ケアマネは状況を正確に把握し利用者と共に必要な援助を考えていきますが，臨機応変・迅速に変更していくことも重要です。Cさんの入院に伴い配食サービスを利用するようにしましたが，治療中のAさんには合わないことがわかり，さらにヘルパーの利用変更で対処します。援助を実施したら必ず評価をし，次の援助につなげることが必要です。

4）まとめ

　入退院を繰り返すたびに少しずつ自立した生活が失われていくAさん。お店を閉め，住み慣れた土地や友人とも離れ，さまざまなものを失う喪失感。病気の進行によってつのる不安や苛立ちをAさん自身がどのように受け入れていけばよいのか，また，近くで見守る家族もそのようなAさんをどのように受けとめていけばよいのかを模索しながらの介護です。Aさんを含めた家族の一人ひとりがどのような気持ちやスタンスでその時々の問題に取り組もうとしているのかを把握し，それぞれのもつ力を最大限に引き出すような援助が必要とされます。援助計画と直接的な援助を通してそれらを実践していくのが，ケアマネジャーでありホームヘルパーであると考えられます。本人及び家族を取り巻くあらゆる社会資源を活用しながら，家族の立場に立った援助が重要です。

考えてみましょう

　人が生きていくためには多くの人や物や制度などと関わっています。Aさん家族をとりまき，その生活を支えている社会資源もたくさんあります。①それらを全て書き出し，整理しましょう。②，①をふまえて，不足している資源や必要な支援はなにかを考えてみましょう。

❺ 認知症高齢者との関わり方
―帰宅願望の例から学ぶ―

1）はじめに

　日本の社会が超高齢社会へ向かおうとしている中で，介護がますます重要になってきています。なかでも，認知症高齢者の介護は，今後多くの国民が直面する重大な問題になっていくものと考えられます。認知症になったことによって，これまでの生活が送れなくなっている高齢者の実態とともに，介護者の負担が非常に大きなものになっていることが明らかになってきているからです。このため，認知症高齢者の介護を行ううえで，認知症についての正しい知識と理解が不可欠なものとなっていくことでしょう。

　ここでは，認知症高齢者によくみられる行動のひとつである帰宅願望を取り上げ，その背景にある認知症高齢者のこころの内側にある思いを理解していきながら，認知症高齢者にとっての家庭とはどういうことなのかということについて学んで行きたいと考えます。

2）帰宅願望が強い高齢者の事例

① 事例概要

対象者：M・K

年　齢：78歳

性　別：女性

要介護度区分：要介護度3

家族構成：夫と死別したため，1年前から長男夫婦と同居

生活歴：Y県生まれ。師範学校を卒業後，地元の小学校に勤務。24歳の時に同僚の教師と結婚。26歳の時に第一子誕生とともに退職し，その後は家事に専念する。40歳を過ぎてから近くのクリーニング店でパートとして15年間勤め，その後婦人会の踊りの会などに参加。72歳ごろまで地域の人たちと交流を深めながら暮らす。

病　歴：アルツハイマー型認知症
② 最近の状況

　夫は，亡くなる2年ほど前から体調がすぐれず，不機嫌になることが多くなり，それとともに夫婦間の言い争いが絶えなくなる。その頃からKさんに火の消し忘れや計算の間違いがみられるようになり，隣の県に住む長男夫婦が頻繁に様子をうかがうようになる。夫が亡くなる半年前頃から物忘れがかなり進み，物をどこに置いたか分からなくなったり，夫の身の回りのこともできなくなったりするなど，日常生活に支障となる状況がたびたびみられるようになる。このため，夫が亡くなったのを機に長男宅に転居する。転居してから間もなくして外出して戻れなくなることがあり，心配した介護者である長男の妻が，外に出ないよう制止することが多くなる一方で，Kさんもその都度「子どもが待っているので急いで帰らなくては」と繰り返し，無理にでも家から出ようとするようになる。しかし，最近ではそれだけではなく，大声を出したり，手をあげようとすることもあり，しだいに介護者はどう対応したらよいか困ってしまうことが多くなる。そのうえ，介護者に対してご飯を食べさせてもらえない，物を盗っていった，夜中に部屋に入って襲いかかろうとしたというようなことを頻繁にいうようになり，介護者はすべてにおいてどう接していいか分からなくなってしまっている。週3回近くのデイサービスセンターを利用している間が心身ともに休まる時であるが，最近ではデイサービスから帰ってからも落ち着かず，夜も寝ないことが多くみられるようになっている。

3) 事例分析
① 帰宅願望はなぜおこる？

　この事例の中には，認知症の高齢者の特徴とみられる行動がいくつもみることができます。その中の認知症の高齢者に多く見られる行動のひとつに「帰宅願望」があります。帰宅願望は何十年と暮らした家においてもおこりますから，家庭の事情によって転居せざるを得なかった場合などは，より帰宅願望が強くなることが考えられます。

認知症の代表的な症状に見当識障害があります。見当識障害がおこると，自分がいる場所と時間と，そして自分と人との関係を正しく認識することができなくなります。このため，今居る場所も，そばに居る人が誰なのかも分からなくなり，長年連れ添った夫婦の間でさえも「どなた様ですか？」というようなことがおこります。同様に，たとえ住み慣れたところであっても見当識障害がおこれば，今いる場所が分からなくなってしまいます。この例のように，認知症が進んでから転居したとなれば，当然のことながら「ここはどこなのだろうか」「なぜここに居るのだろうか」「ここに居てもいいのだろうか」と思うのは必然的なことだといえるでしょう。しかも，この状態にあるときは，認知症高齢者にとって戸惑いや不安を抱いている時でもあるわけですから，そうしたこころの内を介護者は理解することが何よりも重要になってきます。

　こうしたこころの内を，実は，私たちは自分自身のもつ感覚から察することができるのです。たとえば，右も左も分からない初めての場所に行くことになったとしたらどうでしょうか。私たちはすぐに目的地に向かうことができるでしょうか。多分地図を見るなりして今居る自分の場所を確認し，そして目的地を確かめたうえで目的地に向かうのではないでしょうか。ところが，目的地にたどり着くことができないばかりか，道に迷ってしまい，そのあげくにあたりが暗くなってきたらどうでしょうか。心細さからこれまで以上に不安になり，知らない場所で置き去りにされる恐怖感を抱くことさえあるのではないでしょうか。このように，今居る場所が分からないということは，人間にとって非常に不安要因であるということを，私たち自身，身をもって分かっているはずなのです。

　ところが，認知症高齢者のそうした不安を理解せず，一方的にここが家だからここに居たほうがいいといっても，帰りたい一心でいる認知症高齢者にとっては，言葉そのものを受け止めようとするのではなく，むしろ行く手を阻もうとする介護者の態度に戸惑い，不安を募らせることになり，落ち着かなくなってしまうと考えられます。しかも，この例にあるように外出して帰れなくなる

ことがおこれば，介護者は事故に遭ったら心配との思いから，家から出すまいと必死になるのは当然の行動といえるでしょう。ところが，この介護者にとって当然の行動が，実は認知症高齢者と介護者との関係を悪化させ，時には認知症高齢者が暴力を振るうといったことにもつながることになるのです。そして，この場所ではない，他に自分が安心できる場所を探し求めようとして，さらに家から出ようとする行動につながっていくと考えられます。

つまり，介護者からすれば落ち着いてこの場所に居てほしいために，ここに居させようとする意思が働くことになります。すると，出ようとする認知症高齢者と，出すまいとする介護者との間にミスマッチが生じることになります。このことが，介護者側からすれば認知症高齢者の行動は困った行動であり，すなわち「問題行動」になってしまうわけです。逆に認知症高齢者からみれば，介護者は自分の行動を阻もうとする好からぬ人になってしまうわけですから，早くこの場から立ち去らないと閉じ込められてしまうのではないかとの不安が強くなり，このことがさらに行動や言動を荒くさせることにもなるのです。しかも，この好からぬ人への疑いはますます拡大していくことにもなりますから，ご飯を食べさせてもらえない，お金を盗られた，夜中に襲われそうになったなどの被害妄想にもなっていくと考えられます。このようにしておこる介護困難な状況は，実は認知症高齢者への無理解が引き金になることが意外に多いことがわかってきています。

では，認知症介護において，どうしてこのようなことがおこるのでしょうか。このことについてさらに考えてみることにしましょう。

② 帰宅願望の状態は幸せ？

帰宅願望は，家庭介護にあっても，施設などに入所していてもおこります。要するに，認知症の高齢者が今居る場所を「自分の居場所」と思わなければ，当然に「ここに居たくない」という思いは，認知症高齢者であっても当然に抱く感情であることを，介護者は十分に理解しておかなければなりません。また，「子どもが待っているので，急いで帰らなくては！」と訴える認知症高齢者の

図表5－6

認知症高齢者のこころ ①

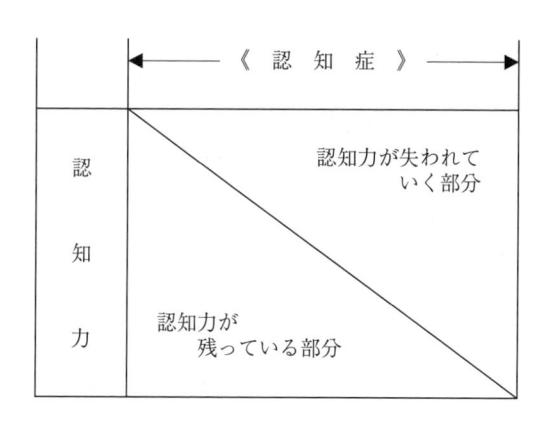

《 認知症 》

認知力

認知力が失われていく部分

認知力が残っている部分

　場合でも，帰る目的を自分なりに明確に示すことができているのだということを，介護者は理解する必要があります。このように理解すると当然のことながら，認知症であっても決して認知力が失われていないのだということがわかってきます。これを図にしてみるとわかりやすいと思いますが（図表5－6参照），認知症高齢者は決して認知力を失ったわけではないということです。つまり，認知症高齢者は認知力がすべてなくなってしまった状況にあるのではなく，しだいに低下していく過程にあるのだと考えるべきでしょう。だとすれば，当然のことながらまだ十分な認知力を有しているわけで，自分がここに居たいか，ここに居たくないかを自分自身で決めるだけの判断力を持っているということがいえるでしょう。

　すなわち「帰宅願望」には，帰りたいと思う何らかの目的があるのか。ここにいる理由がないのか。あるいはここに居たくないのか。そうした意思の表れであると考えられるのです。このことから，このような状況にある認知症高齢者にとっては，満たされた環境に居るとはいいがたい状況にあるといえるので

図表 5－7

認知症高齢者のこころ ②

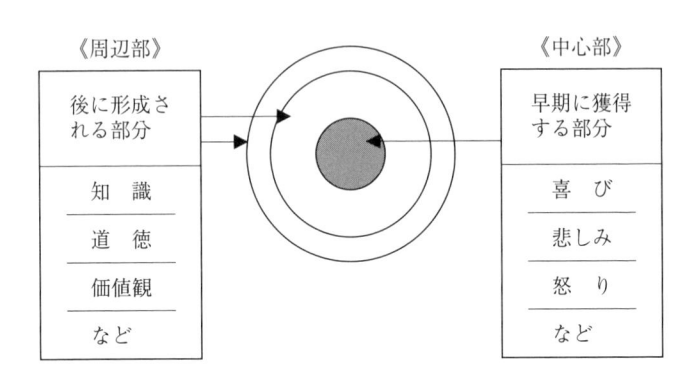

《周辺部》
後に形成される部分
- 知識
- 道徳
- 価値観
- など

《中心部》
早期に獲得する部分
- 喜び
- 悲しみ
- 怒り
- など

はないでしょうか。

③ なぜ，怒り出すの？

また，認知症高齢者は自分の行動を抑止されたりすると，すぐに大声を出したり，怒り出したりするといわれます。こうした行動をとるのは，直接感情に訴えるからだといわれます。つまり，豊かな感情があるということを意味しています。一般的にいわれていることは，認知症高齢者は上の図（図表5－7参照）で示した中央の円の部分，いわゆる感情の部分は十分に残っていると考えられています。そのため，納得しなければ声を荒げたり，また暴力に訴えようとしたり，力づくでここから立ち去ろうとします。わかってもらえなければ怒り出す。そこには，それなりの理由があるわけですから，そのことを十分に理解することが必要です。

要するに，認知症高齢者は若いうちに膨らませた大きな円がしだいに小さくなっている過程でもあるといえるでしょう。ですから，認知症高齢者が自己主張をしようと思っても，筋道を立てて自分の主張を言うことができず，そのことが自分自身でも歯がゆくなり，しだいに感情的な主張になってしまうわけで

す。怒り出すだけを取りあげて，介護しにくいと思うのは誤りです。認知症高齢者の行動は自己主張の表れであるとして，認知症高齢者の気持を受け止めることが大切です。

4）まとめ
① 帰りたい理由をみつけ出す

これまでの内容から，はたして帰宅願望はなくせるでしょうか。

帰宅願望をなくすことはむずかしいことではないように思われます。なぜなら，先ほどから述べているとおり，認知症の高齢者が「帰ります」という言葉と行動には確かに理由があるからです。その理由をきちんと理解し，改善さえすれば，帰宅願望をなくすことは可能ではないでしょうか。また「子どもが待っているので家に帰らなくては」のケースでは，この場合の子どもは幼い頃の我が子を指していると考えられますから，その状況を受け止め，理解することが非常に重要になってきます。いずれにしても認知症高齢者の気持を読み解くことが必要になってきます。ここから立ち去りたい要因がどこにあるのか，何に原因があるのか。そのことをしっかり理解することが大切です。居たくない状況には必ず理由なり原因があるからです。

② 今を生きる生活を支える

認知症になると分からなくなると思われがちですが，ところが今を十分に感じていることがわかります。歩き続けていても，物にぶつかることは決してありません。歩く行動の中に，物体を避けるという認知力があるからです。同様に，今食べたものを「美味しい！」といって，味覚を十分に味わっているのです。要するに，今を十分に認知して生きているのです。ですから，今いる場所が快適かどうかも分かっていると考えられます。

また，先ほどの「子どもが待っているので家に帰らなくては」のケースでも，それはけっして昔に戻っているのではなく，今そう思っているということを介護者は受け止めなければなりません。現在居る，今を生きる認知症高齢者の気持を十分に汲み取ることが必要なのです。そうすることにより，認知症高齢者

が何を思い，何をしたいのかを理解することができるからです。そのために次の2つの質問をすることによって，有効な情報が得られると考えられます。

1.「お子さんは，いくつ（何歳）になられますか？」
2.「どちらへお帰りですか？」

この2つの質問で十分に認知症高齢者が何を思っているかを読み解くことができると考えます。むしろ，これ以上の質問は認知症高齢者を混乱させることにもなりかねませんので，最低限度の質問から心の内を読み取り，適切に関わることが求められるでしょう。ここで重要なことは，この場面において介護者は認知症高齢者の思い描く世界に引き込まれるのではなく，その世界を共有しながら，しだいに今居る環境を理解してもらうことです。今現在居る生活の場の中に心の安定が図れるようにすることが，認知症高齢者には必要だと考えるからです。つまり，過去と現在が混在したままで居ると，さらに認知症高齢者にとっては混乱に拍車がかかってしまう恐れがあるためです。そこで介護者は，認知症高齢者を受け止めながら今居る生活の場へと導き，さらに満たされるように環境を整えることが求められるでしょう。

③ 安心感のある生活へ

認知症の高齢者には，ここがどこなのかという判断（周辺部）は失われても，ここが安心かどうかの判断（中心部）は残っていると考えられます。そのため，今いる場所が安心であるかどうかが，認知症の高齢者がここに居たいかどうかの大切な判断材料になるわけです。図表5－8は，生命の安全（または脅威）と，快適感（または不快感）という，生活をするうえで最も大切な環境要因について表したものです。そこで，3つの例を考えてみました。

認知症高齢者の中で，よく「殺される！」と大声を出す方がいます。つまり，③の例であり，この場合はもはやここには居られない状況を表しています。もし身体拘束が行われたとしたら，まさしく生命の危機と思い込み，この例にあてはまると考えられます。この状況にあるとしたら，ここでの生活などまったくあり得ないということを示しています。生命の安全は私たちにとっては当然

図表5－8

認知症高齢者の安心と不安

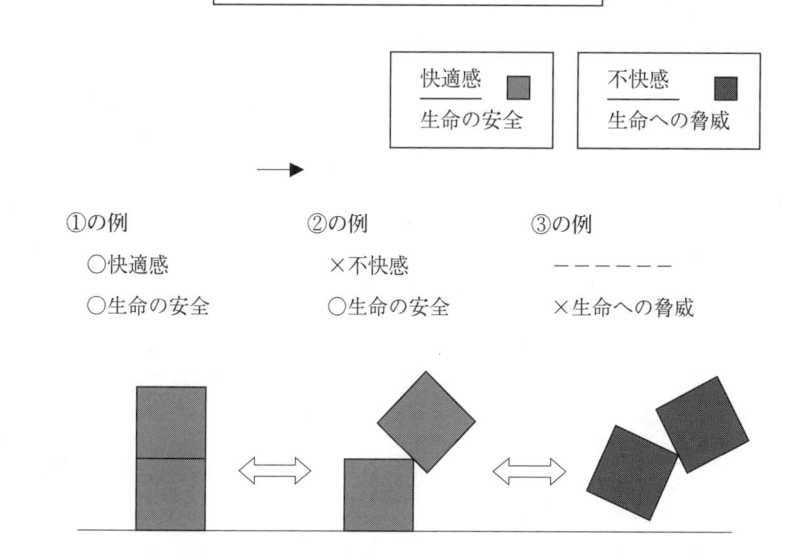

快適感 ■ / 生命の安全　　不快感 ■ / 生命への脅威

①の例　　　　②の例　　　　③の例
○快適感　　　×不快感　　　──────
○生命の安全　○生命の安全　×生命への脅威

のことと思われがちですが，認知症高齢者にあってはそうではないようです。閉じ込められる。行動が抑制される。ということは身の危険であり，生命の危機であると考えるようです。介護者は，その敏感な反応を軽視することなく，生命の安全ということを考えることが必要です。

　次に，②の例をみますと，たとえ生命が脅かされない状況にあったとしても，その上に快適な環境が提供されていなければ，不快感の状態にあり，やはりここには居たくないということになるでしょう。ザワザワしてうるさいとか，気が散るとかは，認知症高齢者にとっては不快要因になるといわれます。例えば，ひとりの認知症の高齢者の周りで数人があれこれいっても，認知症高齢者はその言葉の一つひとつを聞き分けることが大変困難だといわれています。そのため，それらの声は雑音としか耳に入らず，そのことが不快感へとつながっていくと考えられます。そうなると，当然の成り行きとして周囲の人が目障りにも

なってきますから，ここに居たくないと思うのは必然的なことではないでしょうか。認知症高齢者が生活するためには，不快要因を取り除くことが必要になってくるわけです。

　これら2つの例を踏まえ，ここでの生活，今の生活を続けようとする意識をもつことができるようにするためには，①の例にある生命の安全が保障されたうえに，その環境が快適であることが求められます。そうでなければ，認知症高齢者の現在の生活，この場所での生活はありえないことになってしまうわけです。

　もし，生命の安全が保障され，かつ不快感がない状況であれば，認知症高齢者は緊張しなくてもよくなります。このことが，心を開く状態と考えてもいいのではないでしょうか。つまり，この状態になると歩き回ることはほとんどなくなると考えます。

　このように，認知症高齢者はここが居やすい場所か居ずらい場所かの判断力を十分に有しているといえるでしょう。このため，認知症高齢者にとっては「ここがどこなのか」を理解してもらうことよりも，「ここが安心な場所である」ことをわかってもらうことの方が大切になると考えられます。ところが介護者側からすれば，どうしてもこの場所を理解してもらおうということに主眼がおかれ，何度も繰り返し説明しようとすることが，かえって認知症高齢者にとってはその言葉の繰り返しがさらに混乱を招くことになり，一層ここから立ち去ろうと懸命になってしまうのではないでしょうか。つまり，より居心地が悪くなっているわけです。それよりも，ここから立ち去りたい要因がどこにあるのか，何に原因があるのかを介護者は読み解くことが求められているのではないでしょうか。

　このように，認知症高齢者の介護を行うためには，正しい知識と理解が必要であるということがわかっていただけたと思います。そして，認知症介護において重要なことは，認知症高齢者が自らの意思で生活ができる環境に居ることが，最も大切なことであるということです。

ここで取り上げました「帰宅願望」は，認知症高齢者の特有の行動ではなくごく普通にみられる行動ですから，認知症高齢者の介護を行ううえで必ずといっていいほど遭遇する場面です。その時，ダメ！といってしまうような介護だけはしないようにしてください。また，これまで述べてきましたことは，帰宅願望だけにあてはまるものではなく，認知症高齢者の介護全般についてもいえることですから，たとえ他の場面に遭遇したとしても，冷静な判断のもとで知識を活かし，こころある対応ができるよう自らの介護力を高めるよう努力してください。認知症高齢者の思いをしっかり受け止め，冷静な判断のもとで心ある対応ができる介護がすなわち，帰宅願望だけでなく介護を必要とする高齢者の望む「家庭」であるといえるのではないでしょうか。

考えてみましょう

- 「もう，帰りますから！」といって，頭を下げて外に出ようとする認知症の祖父または祖母（認知症の祖父母がいると仮定して）に対し，あなたならどんな声かけをしますか？
- また，なぜそのような声かけが必要だったのかについても，考えてみましょう。

参考文献
- 認知症介護研究・研修センターテキスト編集委員会編著『高齢者痴呆介護実践講座Ⅰ・Ⅱ』第一法規，2001年
- 長島紀一編著『新版老人心理学』建帛社，2004年
- 井上勝也・木村周 編著『新版老年心理学』朝倉書店，2002年
- 長谷川和夫監修，加藤伸司編集『痴呆性老人の心理学』中央法規，1999年
- 長谷川和夫『認知症を正しく理解するために』，マイライフ社，2005年

❻ 精神病者に対する倫理観と家庭の果たす役割
―沖縄の事例にみる"家庭福祉の倫理"―

1）精神病者を家庭から排除する倫理観と社会的背景

日本の精神病者に対する地域社会との関係の歴史は複雑です。

1918年に呉秀三教授らが発表した「精神病者私宅監置ノ実況及ビ其統計的観察」に記されるように，精神病者は犯罪者扱いされ，物置小屋などに隔離され，当時は病人でありながら病院ではなく警察の管轄下にあったのです。その後，精神病院法（1919）や精神衛生法（1950）が制定され，病院で治療を受けることになりましたが，今度は"社会的入院"が問題となりました。即ち，入院期間が10～20年以上に及んだり，病状が安定しても地域社会に戻ることが困難な状況がみられるようになったのです。長い入院生活により，地域社会で生活する為の力が十分でない上，投薬の副作用なども手伝い，地域社会に暮らすには家族や知人の支援が必要だったのです。

しかし，支援が得られない場合が多く，精神病者の多くは"いじめ"や"差別・偏見"に苦しみ，幸せな日常生活は送れないのが実態でした。他方，家族にとっても，身内に精神病者を抱えることは一大事で，狭く閉鎖的な地域社会に暮らす家族ほど，身内に精神病者が出ることを恐れて暮らしていました。なぜなら，もし患者が身内から出たら，村八分を覚悟し，兄弟姉妹は結婚も諦め，その土地を捨てて一家離散となる場合も少なくなかったからです。精神病者を抱える家庭は，地域社会から離脱し，家族全員の人生が不幸になるという事例を社会に多数排出した結果，いつしか多くの人びとは「地域社会で家庭や家族が生き残るためには，精神病者の生活や人権を損ねても仕方ない」という倫理観を培っていったようです。精神病者ではなく家族の利得（幸せ）を優先し，患者の入院や隔離を家族の意向で実施し「我が家に精神病者はいない」と語り，多くの家庭で患者を家庭から排除する傾向が認められました。そして，病状が改善しても患者が家庭に復帰することを"家族（地域ではなく）"が否定し，

精神病者の多くは家庭や地域での居場所を失う結果となりました（小阪ら，2005）。このような倫理観に基づく家庭の役割は「健康な家族の生活を衛ること」であり「精神病者を隔離し，健康な家族の社会生活を保障すること」であったといえるでしょう。

このような精神病者に対する倫理観が，現在でも根深く残存し，精神病者の地域社会への復帰（ノーマライゼーションの実施）の障壁となっています。このような障壁を乗り越えるべくして「独自の精神病者に対する解釈」を掲げ，既存の"排除型家庭モデル"を大きく覆す"包括型家庭モデル"を実践してきたのが沖縄の事例（波平，1996，他）といえます。以下に概要を紹介し，その根底を支える沖縄的"倫理観"と"家庭福祉"の実践について，若干の考察を試みたいと思います。

２）"心の病"に対する沖縄の伝統的倫理観と家庭福祉の実践

沖縄は離島であり，日本の中でも経済的にゆとりのない地域にあげられます。島の日常生活の条件は厳しく，台風などの自然災害への対処も含め，共同体を組み，地域ぐるみで協力し合って生活する習慣が根付いている地域です。したがって，地域の構成メンバーである一家族に精神病者が出た場合には，その家族や患者ひとりの問題ではなく，相互依存し合う地域の生活共同体全体に影響する問題となってしまうのです。安定した日常生活を保障するためにも，沖縄では"精神病者"を差別したり排除したりすることを"容認してはならない"という考えが芽生えたのでしょう。沖縄は歴史的にも文化的にも，独特な生活習慣を形成している地域社会で，閉鎖的な側面も認められることから，精神保健学的には一旦孤立してしまうと，なかなか立ち直りが難しい一面が指摘される生活環境といえます（吉川，2004）。

そのような地域特性が反映されたのか，沖縄では"心の病"に対して"独特な解釈"が生まれました。すなわち"心の病"というものは，「家族の誰かが犯した"過ちの罪（罰）"が，家族の中で"最も気が弱くてやさしい人"に顕れる現象である」と解釈したのです。したがって，"心の病（家族の犯した罪

の罰)"を回復させるには,「家族全員が反省して祈り,祈祷師に祓い清めてもらい,罪を犯した家族の身代わりで罰を受けた患者を,家族全員で慰め,励まし,そして暖かく世話することが必要であると,考えました。

こうして沖縄では,このような伝統的慣習が代々受け継がれ,現在でも精神病の症状が認められると,家族全員が付き添って祈祷師のところへ行き,燃え盛る暖かな炎の側に座り,お香を炊いて祈祷してもらい,家族全員に回復を祈ってもらうという風習(包括的家庭モデル)が残っています。

今日では,精神疾患も病気と認定され,障害者手帳も交付されるので,発症したら医療機関を訪れ入院加療するのが一般的です。沖縄の伝統的対処法は緊急の加療を要する脳損傷の場合などには問題を残しますが,通常の心の病(例えば,統合失調症や気分障害,他)の場合には,近代精神医学に背くものではなく,以下の点で有効な"心のケア"と成り得ると考えられます。

① 家族全員が協調して付き添うので,患者は安心する。
② 家族が"謝罪と愛情に満ちた感情"を示すので,患者と共感が可能となり,患者の心は満足感で満たされる可能性が高い。
③ お香を炊いたり,暖かい炎の側に座り,祈祷してもらうことにより,具体的に患者を大切に思う気持ちが示され,心理学的効果が期待される。また,お香に薬効が確認される場合には,薬物療法の効果も期待される。

この沖縄の事例を,生命倫理学的立場から検証すると,まず第1に"精神病者の立場を誰よりも優先的に考える"点が指摘されます。第2に,発症の原因を"家族の非倫理的行為"と考える点で,第3に,家族に対して"罪滅ぼしの責任"を倫理的(法的ではなく)に果たすことを課している点が大きな特徴です。すなわち,沖縄の伝統的対処法は,以下のような"(生命)倫理(実践の姿勢)"を踏まえた"心の病に対する対処法の事例"といえます。

> (生命) 倫理とは：
> 　生きとし生けるもの全てが，互いの生命を大切に思い，活かし合い，睦み合い，そして幸せを維持して生活するために必要とされる"実践方法（姿勢）"を探求・検証する視点
>
> 実践の姿勢Ⅰ：当事者の意向を最優先する（自律尊重の倫理）
> 実践の姿勢Ⅱ：実践した際に，出来るだけ多く良い結果が得られることを，
> 　　　　　　優先する（善行の倫理）
> 実践の姿勢Ⅲ：予測される悪い結果を，できるだけ回避することを優先する
> 　　　　　　（悪不履行・無害性の倫理）
> 実践の姿勢Ⅳ：正しいと思うことを，できるだけ公平に行うことを優先する
> 　　　　　　（正義・公平の倫理）

　沖縄の事例に認める倫理は，病院や医師に対する"医の倫理"ではなく，家族や家庭に対する"家庭福祉の倫理"，即ち「家族や家庭が，どのように行動したら，患者や家族そして地域社会も，傷つかずにすむのか」という点に着目しています。恐らく，閉鎖的地域社会において，一旦精神病者のレッテルが貼られると，なかなかはぎ取るのが難しく，患者も家族も傷つき生活共同体にも影響が出るような体験を何度も繰り返してきたのでしょう。

　そのような体験を通して，精神病者に"病気"のレッテルを貼らない解釈（価値観・倫理観）が，患者本人にとっても，家族や家庭にとっても有益であり，地域社会の安定維持にも有益な対処法であることが，確認されたように思われます。沖縄では，このような有益な実践の積み重ねが，伝統的慣習（精神病者に対する独特な解釈と治療法）を支える"倫理観"の構築に結びついていったように思われます（ヘランダー，1996）。

　「人と人の結びつき方が，どうあれば，人は幸せに暮らせるのか」という倫理的命題を考える時，社会や個人に対して「家庭の役割は何であり，誰が，ど

のように実践するのが，最も有益なのか」を考える視点が『家庭福祉の倫理』と呼ばれる学問領域と解されます。ここに紹介した沖縄の事例は，まさに『家庭福祉の倫理』の実践の事例といえるでしょう。今後一層社会や家庭の在り方が多様化し，"家庭の役割"が複雑で分かりがたくなるでしょう。

「自分自身が"どう行動すること"が，"家庭や家族"に最も良い結果をもたらす事になるのか」ということについて考え，決断し，そして結果を検証するためには，『家庭福祉の倫理』の学習が欠かせないように思われます。その第一歩として，身近なところから学習の機会を見付けることが賢明です。例えば，これまで家庭を護り，社会秩序を維持してきた先人達の知恵（伝統的慣習などの事例）について，現代の学問的視点（倫理学，人類学，社会学，他）から見つめ直してみることが大切です。人生の先輩達が培った膨大な生活習慣に内在する『家庭福祉の倫理』を再認識することは，大変有意義であるように思われます（中村，1997）。

そのような視点から見つめ直した伝統的習慣のひとつが，ここに紹介した「沖縄の精神病者に対する伝統的解釈」の事例といえます。本事例を検証した結果，現代社会が見失った大切な家庭福祉の"倫理"に出会えました。弱者を排除（非倫理的行為）するのではなく，弱者の立場を最優先し（自律尊重の倫理的姿勢を実践し），家族全員が協力し，"反省と思いやり"を尽くす（善行と無害性・正義性の倫理的姿勢を実践する）ことにより，社会の偏見や差別を越え，地域社会も家族も当事者も"共存可能"となる（倫理的行為が実践される）事実が確認されたといえるでしょう。一見，非科学的で時代遅れのような沖縄の事例を"倫理学の視点"から見つめ直した結果，近代化の過程で見失われた"家族や家庭を護るための姿勢（倫理）"を発見することができました。このように，家庭福祉の実践に向けた倫理観を培う機会は身近なところに沢山存在します。しかし，日本では，今，なぜか，このような大切で有効な家庭福祉実践のための倫理観が育ち難く，実践が忘れ去られようとしています。現代の日本社会で早急に解決されねばならない"家庭福祉活動の課題"のひとつといえる

でしょう。

> **考えてみましょう**
> ① 家庭福祉の実践に"倫理"がなぜ必要なのでしょうか？
> ② 今日の日本では，なぜ"家庭福祉に必要な倫理観"が育ちがたいのでしょうか？ どのようなことが弊害となるのでしょうか？

参考文献

E.ヘランダー『偏見と尊厳──地域社会に根ざしたリハビリテーション入門』田研出版，1996年，pp.169-216

吉川武彦『改訂精神保健マニュアル』南山堂，2004年

小阪憲司ほか『精神保健福祉士養成セミナー第2巻 精神保健学』へるす出版，2005年

中村裕子「国際保健活動における生命倫理学的視点の有用性──生命倫理原則導入の可能性と限界──」『仙台白百合女子大学紀要』第2号，1997年，pp.27-41

波平恵美子『医療人類学入門』朝日新聞社，1994年

男女共同参画と人びとのくらし年表

年	国連の動き	日本の動き 男女共学参画関連	日本の動き 子ども・少子化関連	合計特殊出生	国内外の出来事
1945 (昭20)	・国際連合発足, 国連憲章採択	・「改正選挙法」公布（婦人参政権）			・第2次世界大戦終わる ・玉音放送 (8/15)
1946 (昭21)	・国連「女性の地位委員会」の設置	・第22回総選挙, 婦人参政権行使（初の女性議員誕生・39名）・日本国憲法公布 (11/3)			・発疹チフス大流行 ・「生活保護法」施行 ・ラジオで「尋ね人」始まる
1947 (昭22)		・教育基本法の公布・施行（男女共学）・婦人の日 (4/10) 制定 ・日本国憲法施行 (5/3) ・改正民法公布（家制度廃止）・公娼制度廃止		4.54	・関税と貿易に関する一般協定（ガット）調印（ジュネーブ）・第1次ベビーブーム
1948 (昭23)	・世界人権宣言採択	・労働省発足 ・婦人少年局の設置	・「優生保護法」施行	4.40	・朝鮮南北に分断（大韓民国・朝鮮民主主義人民共和国）・日本脳炎大流行
1949 (昭24)				4.32	・中華人民共和国成立 ・1ドル360円の単一為替レート実施 ・家庭裁判所開設（全国49ヶ所）
1950 (昭25)				3.65	・朝鮮戦争始まる（～1952年）・特需景気（日本経済の復興始まる）・平均寿命（男58歳・女61.4歳）
1951 (昭26)			・児童憲章制定	3.26	・サンフランシスコ講和条約, 日米安全保障条約調印 ・赤痢流行
1952 (昭27)	・女性の政治的諸権利に関する条約の採択			2.98	・一人当たりの国民所得, ほぼ戦前水準に回復
1953 (昭28)				2.69	・朝鮮戦争休戦 ・スーパーマーケット登場
1954 (昭29)				2.48	・ビキニ環礁水爆実験（第5副竜丸）
1955 (昭30)				2.37	・森永ヒ素ミルク事件 ・神武景気始まる
1956 (昭31)				2.22	・日本の国連加盟 ・水俣病, 社会問題化 ・「1億総白痴化」といわれる ・「もはや戦後ではない」（経済白書）
1957 (昭32)	・既婚女性の国籍に関する条約の採択			2.04	・東京都／都市人口世界第一位（851万人）
1958 (昭33)		・売春防止法の施行		2.11	・マイカー時代の幕開け ・インスタントラーメン登場
1959 (昭34)				2.04	・キューバ革命（カストロ首相就任）・家庭電化ブーム（三種の神器）冷蔵庫・洗濯機・白黒テレビ
1960 (昭35)		・初の女性大臣誕生（中山マサ・厚生大臣）		2.00	・高度経済成長期始まる（岩戸景気）・日米安全保障条約調印（新安保条約）（安保反対闘争）・「マイホーム主義」流行語となる
1961 (昭36)		・婦人教育課設置（文部省社会教育局）		1.96	・東ドイツ, ベルリンの壁を構築 ・レジャーブーム
1962 (昭37)	・婚姻, 結婚に関する条約の採択（同意・最低年齢・婚姻登録）			1.98	・サリドマイド事件発生
1963 (昭38)				2.00	・中ソ対立激化 ・ケネディ米大統領暗殺 ・「老人福祉法」公布・施行
1964 (昭39)			・母子福祉法の施行（後の母子及び寡婦福祉法）	2.05	・日本OECD（経済協力開発機構）に加盟 ・東海道新幹線開業 ・東京オリンピック開催（オリンピック景気）・「家つきカーつきばばあ抜き」の言葉流行

年		国連の動き	日本の動き		合計特殊出生	国内外の出来事
			男女共学参画関連	子ども・少子化関連		
1965 (昭40)				・母子保健法の成立	2.14	・米の北ベトナム爆撃開始（ベトナム戦争） ・反戦運動高まる
1966 (昭41)				・「ひのえうま」で出生数激減	1.58	・中国，文化大革命 ・ビートルズ来日 ・新三種の神器（3C）（カラーテレビ・クーラー・カー）
1967 (昭42)		・「婦人に対する差別撤廃宣言」の採択	・「婦人関係の諸問題に関する懇談会」の設置（総理府）		2.23	・中東戦争始まる ・「公害対策基本法」公布 ・「核家族」の言葉，広まる ・ミニスカート大流行
1968 (昭43)		・国際人権年（国連の人権活動の拡大）			2.13	・GNP，米国に次いで第2位 ・学園争争，全国に広がる（東大紛争）
1969 (昭44)					2.13	・アポロ11号，月面着陸成功 ・全米にベトナム反戦運動 ・大学紛争激化
1970 (昭45)					2.13	・米国，ウーマンリブ運動 ・大阪万博開催 ・よど号乗っ取り事件 ・人口1億人突破
1971 (昭46)					2.16	・沖縄返還協定調印 ・環境庁発足 ・為替変動相場制に移行 ・カップ麺登場
1972 (昭47)					2.14	・沖縄復帰（沖縄県発足） ・日中共同声明発表（日中国交回復） ・浅間山荘事件 ・列島改造ブーム（田中角栄首相） ・高度経済成長終わる
1973 (昭48)					2.14	・ベトナム和平協定調印 ・第1次石油ショック（中東戦争） 石油ショック不況 ・「老人福祉法」施行
1974 (昭49)					2.05	・戦後初のマイナス成長 ・コンビニエンスストア登場
1975 (昭50)		・国際婦人年 ・第1回世界女性会議（メキシコシティ）「世界行動計画」採択	・婦人問題企画推進本部設置 ・婦人問題企画推進会議開催		1.91	・ベトナム戦争終わる（1965～） ・第1回先進国首脳会議（サミット）フランス
国連婦人の10年（1976～1985）	1976 (昭51)	・「国連婦人の10年」決定（目標：平等・発展・平和）	・民法一部改正（離婚後復氏の自由）		1.85	・南北ベトナム統一 ・ロッキード事件 ・宅配便登場 ・日本初五つ子誕生（鹿児島）
	1977 (昭52)		・「国内行動計画」策定（1977～1986） ・国立婦人教育会館開館	・児童福祉法改正（保父制度）	1.80	・日本赤軍日航機をハイジャック ・紙おむつ登場 ・平均寿命世界一（男72.7歳 女78.0歳）
	1978 (昭53)				1.79	・日中平和友好条約調印 ・世界初体外受精児誕生（英） ・ディスコブーム
	1979 (昭54)	・国際児童年 ・国連第34回総会「女子差別撤廃条約」採択			1.77	・イラン革命 ・第2次石油ショック ・合成洗剤禁止条例制定（滋賀県） ・「日本人はウサギ小屋に住む働きバチ」
	1980 (昭55)	・「国連婦人の10年」中間年 第2回世界女性会議（コペンハーゲン） ・国連夫人の10年後半期行動プログラム	・「女子差別撤廃条約」署名	・第1子出産平均年齢26.4歳（高齢出産化）	1.75	・イラン・イラク戦争勃発（～1988） ・校内・家庭内暴力急増
	1981 (昭56)	・国際障害者年 ・「ILO第156号条約」採択 ・「女子差別撤廃条約」	・「国内行動計画後期重点目標」策定（1981－1986）	・児童福祉法改正（無認可児童施設への指導強化）ベビーホテル問題	1.74	・中国残留孤児，初の正式来日 ・単身赴任者増加 ・ガンが死因第1位

男女共同参画と人びとのくらし年表

年	国連の動き	日本の動き 男女共学参画関連	日本の動き 子ども・少子化関連	合計特殊出生	国内外の出来事
国連婦人の10年（1976～1985） 1982（昭57）				1.77	・世界同時不況 ・離婚急増 ・500円硬貨登場
1983（昭58）				1.80	・パソコン・ワープロ急速に普及 ・日本初体外受精児誕生（東北大病院） ・NHKドラマ「おしん」大人気 ・三宅島大噴火
1984（昭59）				1.81	・アフリカで飢餓深刻化 ・グリコ・森永脅迫事件 ・国民の90％が中流意識
1985（昭60）	・「国連婦人の10年」第3回世界女性会議（ナイロビ） ・「ナイロビ将来戦略」採択	・「国籍法」・「戸籍法」改正 ・「男女雇用機会均等法」公布（翌年施行） ・「女子差別撤廃条約」批准 ・「国民年金法」改正（女性の年金権確立）		1.76	・G5プラザ合意（円高進行の契機） ・小・中学校で「いじめ」増加 ・日航ジャンボ機墜落事故（8/12）
1986（昭61）		・婦人問題企画推進本部拡充 ・初の女性党首誕生（社会党・土井たか子）		1.72	・チェルノブイリ原発事故（ソ連） ・円高・ドル安進む（円高不況） ・激辛ブーム ・三原山が噴火
1987（昭62）		・「西暦2000年に向けての新国内行動計画」策定	・「特別養子縁組制度」成立	1.69	・株価が世界的に大暴落（NYブラックマンデー） ・国鉄分割・民営化（JRに） ・朝シャンブーム ・「アグネス論争」 ・バブル景気
1988（昭63）				1.66	・反原発運動広がる ・青函トンネル・瀬戸大橋開通 ・リクルート疑惑事件
1989（平1）	・「児童の権利に関する条約（児童の権利条約）」採択	・学習指導要領の改訂（家庭科の男女共修）	・合計特殊出生率1.57になる（1.57ショック）	1.57	・ベルリンの壁崩壊（東欧に民主化と改革の嵐） ・昭和天皇逝去（昭和から平成へ） ・消費税スタート（3％） ・登校拒否児童増加
1990（平2）	・「ナイロビ将来戦略の第1回見直しと評価に伴う勧告及び結論」採択			1.54	・統一ドイツ誕生 ・女子学生数、男子学生数を上回る ・バブル経済崩壊
1991（平3）		・「新国内行動計画（第1次改定）」策定（参加から参画へ）	・「児童手当法」改正（翌年1月から第1子まで支給）	1.53	・湾岸戦争始まる（多国籍軍がイラク空爆） ・ソビエト連邦解体 ・ダイエット志向（カロリーオフ商品出回る）
1992（平4）	・国連環境開発会議（地球サミット）開催（リオデジャネイロ）		・「育児休業法」試行 ・ウェルカムベビーキャンペーン	1.50	・PKO協力法成立（自衛隊PKO部隊カンボジアへ派遣） ・毛利飛行士、宇宙へ ・100歳双子（きんさん・ぎんさん）ブーム
1993（平5）	・世界人権会議「ウィーン宣言及び行動計画」採択（ウィーン） ・「女性に対する暴力撤廃宣言」採択	・中学校で家庭科男女共修実施 ・「パートタイム労働法」公布・施行		1.46	・新党ブーム（自民党長期一党支配＝55年体制崩壊） ・「環境基本法」施行 ・記録的冷夏（米不足）
1994（平6）	・国際家族年 ・国際人口開発会議（カイロ）「リプロダクティブヘルス／ライツ」宣言	・高等学校で家庭科男女共修実施 ・男女共同参画室設置	・「児童（子ども）の権利条約」批准 ・「エンゼルプラン」策定	1.50	・大型不況深刻化（円高続く） ・就職氷河期 ・「悪魔ちゃん」論争 ・松本サリン事件
1995（平7）	・第4回世界女性会議「北京宣言及び行動綱領」採択（北京）	・「ILO156号条約」批准	・育児休業給付（賃金の25％） ・育児休業中の健康保険・厚生年金保険の本人保険料負担の免除 ・「改正育児休業法」施行 ・住民票続柄表記変更（「子」に統一）	1.42	・フランス製品不買運動（核実験実施） ・阪神淡路大震災 ・地下鉄サリン事件（オウム心理教摘発）

年	国連の動き	日本の動き 男女共学参画関連	日本の動き 子ども・少子化関連	合計特殊出生	国内外の出来事
1996 (平8)		・「男女共同参画ビジョン」策定 ・「賛助共同参画2000年プラン」策定		1.43	・薬害エイズ事件 ・インターネット・携帯電話急速に普及
1997 (平9)		・「男女雇用機会均等法」改正（1999年施行） ・「労働基準法」改正（1999年施行） ・「介護保険法」公布（2000年施行）	・週40時間労働へ	1.39	・クローン羊ドリー誕生 ・「臓器移植法」施行 ・地球温暖化防止京都会議（京都議定書採択） ・「容器包装リサイクル法」施行 ・消費税5％に
1998 (平10)			・「改正児童福祉法」試行 ・「平成10年版厚生白書」（少子社会を考える）	1.38	・ホームレス急増 ・「環境ホルモン」社会問題化
1999 (平11)	・国際高齢者年	・「男女参画社会基本法」公布・施行 ・男女共同参画審議会答申「女性に対する暴力のない社会を目指して」	・「育児・介護休業法」施行（深夜業の制限） ・少子化対策推進基本方針の策定 ・「新エンゼルプラン」策定（2000-2004）	1.34	・世界人口60億人突破 ・EU単一通貨、ユーロ発足 ・NATO軍、コソボ空爆（コソボ紛争） ・中高年自殺者急増 ・携帯電話の普及進む
2000 (平12)	・国連特別総会「女性2000年会議」（ニューヨーク） ・「ILO母性保護条約」改訂案採択	・「男女共同参画基本計画」策定 ・初の女性知事誕生（大阪府：太田房江）	・「介護保険法」施行 ・育児休業中の厚生年金保険料の事業主負担分免除 ・「児童虐待防止法」公布・施行 ・児童手当法の一部改正（支給対象年齢を義務教育就学前までに拡大）	1.36	・携帯電話台数が固定電話を抜く ・三宅島（雄山）噴火 ・「ハリー・ポッター」ブーム
2001 (平13)		・「配偶者暴力防止法（DV法）」公布・施行 ・第1回男女共同参画週間（6/23～6/29）	・育児休業給付の引き上げ（40％） ・児童手当の所得制限の緩和 ・「仕事と子育ての両立支援策の方針について」（閣議決定）（保育所待機児童ゼロ作戦の推進等）	1.33	・9.11同時多発テロ（米英アフガニスタン空爆） ・ハンセン病国家賠償請求訴訟（国の敗訴） ・デフレ不況深刻化（失業率過去最悪5.5％） ・「スローフード」
2002 (平14)			・「改正育児・介護休業法」施行（時間外労働の制限等） ・「少子化対策プラスワン」策定（厚生労働省）	1.32	・自爆テロ報復攻撃激化 ・日韓共催サッカーワールドカップ開催 ・拉致被害者24年ぶり帰国 ・住民基本台帳ネットワーク（住機ネット）稼働 ・カメラ付携帯流行
2003 (平15)		・男女共同参画社会の将来像検討会開催 ・第4回・5回女子差別撤廃条約実施状況報告審議	・「次世代育成支援に関する当面の取り組み方針」（少子化対策推進関係閣僚会議） ・「次世代育成支援対策推進法及び児童福祉法の一部改正」公布・施行 ・「少子化社会対策基本法」制定・施行	1.29	・米英軍イラク攻撃（イラク戦争開始） ・新型肺炎（SARS）が世界的流行 ・「有事関連3法」成立（自衛隊イラク派遣）
2004 (平16)		・「配偶者暴力防止法（DV法）」改正 ・「配偶者暴力防止法に基づく基本方針」策定	・「改正児童虐待防止法」 ・「少子化社会対策大綱」策定 ・児童手当の一部改正（支給対象年齢を小3終了までに拡大） ・出生率過去最低	1.29	・アジアで鳥インフルエンザ流行（日本：山口・京都養鶏場感染） ・年金未納者問題 ・アテネオリンピック開催（日本メダルラッシュ） ・「冬のソナタ」大流行（韓流ブーム） ・米大リーグ、イチロー大活躍
2005 (平17)	・第49回国連婦人の地位委員会「北京＋10会議」（ニューヨーク）		・「子ども・子育て応援プラン（新新エンゼルプラン）」策定	?	・京都議定書発効 ・愛知万博（愛・地球博）施行 ・JR福知山線脱線事故（107人死亡） ・「クールビズ」定着 ・衆議院議員総選挙、自民党圧勝（郵政民営化法案成立へ）

（各種資料より作成）

索　引

あ 行

預かり保育	142
アドボカシー	109
アンペイド・ワーク	29
家	5
家制度	5, 25, 77
遺留分	89
インセスト・タブー	3
インフォーマルサービス	97
M字型	51, 52
エンゼルプラン	57, 101
エンパワメント	109
夫の暴力	160

か 行

核家族	7, 72
家族機能	3
家族システム理論	111
学校教育法第77条	141
家庭神話	12
家庭内離婚	67
家庭福祉活動の課題	197
家庭福祉の倫理	196
家督相続制度	77, 89
危機への対処	154
帰宅願望	40, 181
気づき	156
虐待防止センター	114
教育ママ	10
協議離婚	79
共存可能	197
居宅支援	93
寄与分	89
金銭給付	95
禁治産・準治産制度	84
ケアマネジャー	171
結婚適齢期	50
見当識障害	183
現物給付	95
権利擁護	42
合計特殊出生率	18
公的シェルター	117
公的扶養	83
高齢者保健福祉推進十ヵ年戦略	33
国際家族年	1
国際障害者年	41
国勢調査	45
心のケア	195
戸主権	77
子育て支援サービス	91, 93, 94
子育て支援事業	106, 134, 142
子ども・子育て応援プラン	57
子どもの権利条約	21
子どもの人権尊重	112
ゴールドプラン	34, 66

さ 行

財産管理権	83
里親	92
3歳児神話	11
支援費	155
支援費制度	41, 96
市場原理	11
次世代育成支援対策	104
次世代育成支援対策法	143
私的扶養	83
児童虐待	112, 118
児童虐待防止法	113
児童健全育成施策	134
児童厚生施設	93
児童自立支援施策	134
児童自立支援施設	92
児童相談所	91
児童福祉司	91

児童福祉施設	134
児童福祉審議会	93
児童福祉法第39条	135
児童養護施設	92, 145
市民後見人制度	86
社会福祉援助技術	108
社会福祉専門家	108
障害児施策	135
障害者自立支援法	152
障害者生活支援事業所	152
少子化社会対策大綱	57
少子化対策推進基本方針	101
少子・高齢社会	19
情緒障害児短期治療施設	92
女性問題	158
新エンゼルプラン	104
親権	80
人口減少社会	19
身上監護権	83
身体的虐待	118
スティグマ	11
ストーカー規制法	166
生活共同体	158
生活保護（法・受給）	83, 94, 155
精神衛生法	193
精神病院法	193
精神病者	193
生存権	94
制度から友愛へ	6
成年後見制度	84
セクシュアル・ハラスメント	99, 166
専業主婦	30
ソーシャルワーク	108
ソーシャルワーカー	108

た 行

待機児童ゼロ作戦	107
代襲相続人	89
代弁的機能	109
立ち話的相談	136
男女共同参画社会	98
地域子育て支援	120
地域生活支援コーディネーター	157
知的障害児施設	92
調停離婚	79
通所介護	172
デイサービス	172
ＤＶのサイクル	165
ＤＶ防止法	117
当事者主体	41
特別養子制度	81
ドメスティック・バイオレンス	20, 24, 75, 116
ドメスティック・バイオレンス防止法	99

な 行

ニート	19, 53
乳児院	92
乳幼児突然死症候群	23
任意後見制度	84
認可保育所	135
認知症高齢者	181
ネグレクト	22, 27, 113, 118

は 行

配偶者からの暴力及び被害者の保護に関する法律	166
配偶者暴力相談支援センター	99
パラサイトシングル	53
非嫡出子	48, 89, 90
避難所	117
標準世帯	47, 48
福祉関係八法の改正	66
福祉文化	10
不受理申出制度	80
負担の軽減	154
普通養子制度	81
文化の伝承	12
ペイド・ワーク	29
保育施策	134
保育士の専門性	123
保育所	135
保育所職員	140
放課後児童健全育成事業	91, 93

法定親子関係	81	面接交渉権	81
法定相続	87		
訪問介護	172	**や　行**	
法律婚	48	夜間保育	121
暴力のサイクル論	25	遺言相続	89
暴力の連鎖	119	有償労働	29
補完的サービス	92	養育責任	94
母子家庭	152	養親子関係	81
母子家庭施策	135	幼稚園	141
母子家庭就業支援	97	幼稚園教育要領	142
母子（寡婦）資金貸し付け	97	幼保一元化	121
母子生活支援施設	98	予防的不受理申出	80
母子保健施策	134		
母性神話	109	**ら　行**	
補足性の原理	95	倫理観	193
ホームヘルプサービス	154, 172	レスパイトケアサービス	154
ま　行		**わ　行**	
民間の福祉サービス事業所	155	若者宿	14
明治民法	77		

執 筆 者 (執筆順, *は編者)

- *中川　英子　宇都宮短期大学（序章）
- 広橋比刀美　植草学園短期大学（第1章1, 2, 3, 第2章1, 2, 第3章1, 第4章2）
- 植草　一世　植草学園大学（第1章4, 第3章4, 第4章3, 4, 第5章1）
- 横山　未知　群馬松嶺福祉短期大学（第1章5, 第2章3, 4）
- 相澤　　毅　特別養護老人ホーム　さくら苑（第1章5, 第5章5）
- 山田　純子　元植草学園短期大学（第1章6）
- 渋谷　昌史　関東学院大学（第3章2）
- 宮内　克代　埼玉学園大学（第3章3, 4）
- *古川　繁子　植草学園短期大学（第4章1）
- 高倉　誠一　植草学園短期大学（第5章2）
- 青柳　育子　仙台白百合女子大学（第5章3）
- 戸澤由美恵　高崎健康福祉大学（第1章5, 第5章4）
- 中村　裕子　聖隷クリストファー大学（第5章6）

シリーズ　事例で学ぶ9　家庭福祉論

2006年4月10日　第1版第1刷発行
2012年10月20日　第1版第4刷発行

編著者　古　川　繁　子
　　　　中　川　英　子
発行者　田　中　千津子
発行所　㈱ 学 文 社
東京都目黒区下目黒3-6-1
郵便番号　153-0064　電話（03）3715-1501（代表）　振替00130-9-98842

乱丁・落丁は，本社にてお取替致します。　　印刷　倉敷印刷株式会社
定価は，カバー，売上げカードに表示してあります。＜検印省略＞

ISBN978-4-7620-1538-0